海・シマ・場に関わるアート

ここにいるために to be here 『瀬戸内国際芸術祭 2013』の現場から

<目 次>

海・シマ・場に関わるアート

ここにいるために　to be here

『瀬戸内国際芸術祭 2013』の現場から

─折節の御馳走をいただいて─

吉田 悦治

2013年に開催された「瀬戸内国際芸術祭2013」に参加した平良亜弥と西岡万里子のアートワークに、美術教育に関わる研究者・教員・学生も加わり、それぞれの立場から「海・シマ・場」に関わるアートについて探求しようとした軌跡である。

収録されている対談は、「はじまりから続くこれからの話」と題した公開集中講義（琉球大学 美術教育講座）の中で、平良・西岡のアートワーク「ここにいるために to be here 」に宿る「家族」や「土地」に対する汲めども尽きぬ胸懐を、彼女たちの制作プロセスと合わせて語ってもらったものである。彼女たちの制作現場に関わった琉球大学の学生や、様々な立場をとる美術関係者も参加する中、その対談はゆるゆると低速暴走しながら行われた。現代アートの国際展で試みた西岡家の家族ぐるみの企て、そして、そこで照射された「場のちから」から生まれる妙味逸品を、折節の御馳走として多くの方々にも是非味わって頂きたいと思う。

平良亜弥と西岡万里子は、何を隠そう、琉球大学 美術教育専修の卒業生なのである。付け加えて言うと教育学部の中で「美術」と「教育」のあいだを回遊しながら制作を続けたあげく、野に放たれた二人なのだ。

そもそも、琉球大学の美術科教育では学校文化に巣食う閉鎖的な「美術／教育」を、どうやって異化し、拡張させうることができるかという試みを多様なフィールドでの実践を通して模索してきた。と同時に、表現の同時代性と現場性を大切にしながら、「美術の力」で教育という営みをどのように蘇らせ、更新できるのだろうかという問いに取り組んできたと言える。その突破口として、「場のちから」「場の個性」を活かし、「場＝フィールド」から立ち現れてくる創造性を起点に、珍妙な実践を重ね七転八倒もがいてきた。風の噂では、「マニアックな美術教育をやってる所ですよね。」と言われることがあるらしいが、それは、きっと褒め言葉だと手前勝手な受け取りをさせていただいている。

平良亜弥と西岡万里子のアート・ワークは、アーティストとしての一つの試みであって、美術教育という狭い器に盛られたものでは決してないが、彼女たちの制作に立ち会うことが、我々のこれまでの実践、また、今後の取り組みを考える上で、新たな可能性や批評性をもたらしてくれると思い、学生有志と一緒に同行させてもらったのである。なぜなら、彼女たちの制作背景には、「場のちから」や「個が際立つ協働性」、さらに「美術／教育」に対する柔軟な強度が濃密に秘められていると直感したからなのだ。実際に、彼女たちの御馳走（制作現場）を現地で賞味できた学生は、瀬戸内の小さな島でアートが持つ拡がりをそれぞれが嗅ぎ取り、個々の潜在能力を開花させるチャンスにしていたように思われる。その辺りも、瀬戸内—沖縄の「シマ」の磯風とともに読み取って頂き、読者それぞれの立ち場から玩味していただきたいと願う。

＜追い書き＞

本書は日本財団からの助成のもと、「海を活かした教育に関する実践研究」として行っているプロジェクトの一環として試みた産物である。

この書誌に込められた、関係者の生真面目な思惑や願望はさておき、「ここにいるために to be here 」という作品の可笑し味について一言述べさせて頂きたい。“国際芸術祭”と銘打った大規模なアートイベントの中で、このアートワークは、はなはだ浮いている。何か可笑しく愉快なのだ。国際芸術祭の中に、西岡家という一家族の祭事が紛れ込んでいるように見えて、あまりにも面白すぎる。仰々しい国際芸術祭に軽妙に座する「西岡家芸術祭」。公式ガイドブックには載っていないもう一つの芸術祭には、無名の表現者たちが土地に根を下し、それぞれが芽吹き輝こうとしている。未だ継続中の「西岡家芸術祭」のこれからの話にこそ、我々が求めている「場のちから」の創造性を、野の草のように咲かせてくれるのではないかと、ふと夢想してしまうのだ。

はじまりから続くこれからの話
平良亜弥×西岡万里子×吉田悦治　対談の記録

2013 年度　琉球大学美術教育専修「美術科教育法 C」公開集中講義
「はじまりから続くこれからの話」
ここにいるために　to be here ～瀬戸内国際芸術祭 2013 の現場から Vol.2

期日：2013 年 12 月 21 日 (土)　19:00 開場　19:30 スタート
会場：琉球大学教育学部 507 教室
講師：平良亜弥、西岡万里子
聞き手：吉田悦治
担当：教育学部美術教育専修（吉田悦治・上村 豊）
写真記録：玉寄真季子
協力：授業履修学生（美術教育・教育実践学専修３年次学生７名）

音声記録テキスト
担当：上村豊　平良亜弥　比嘉沙織

吉田 悦治

西岡 万里子・平良 亜弥

第一部　はじまりの話

『瀬戸内国際芸術祭2013』に参加することとなった経緯を、西岡が嫁入り前に訪問した香川県「本島（ほんじま）」にある嫁ぎ先の土地との出会い、建築途中のままになっているコンクリートの建物に宿る家族と土地の記憶、そしてユニークな西岡家のエピソード話も交えて語ってくれた。制作に用いられた野の草やその種子との試行錯誤についての話では、土地に根を下ろそうとする西岡自身の営みと重なり、それが作品の大きな魅力に繋がっていると感じられる。

初めて現地に赴いた平良は、自身のアンテナに色濃く焼き付いた「自然」と「人間」の関係をめぐる印象的な出来事や、平良自身がその土地と少しずつ向き合っていく様を制作プロセスとともに聞かせてくれた。また、自分を取り巻く多様に存在しているものに対して意識を向け、その機会を逸しない感度の大切さを、制作の裏側を通して我々に伝えてくれた。

「家族」「自然との共生」「契り」というテーマをそれぞれの制作に内包させ、家族や土地に対する悲喜こもごもの質感が幾十にも投影されたものが「ここにいるために to be here」というアートワークなのだと窺えた。その道程をたどる二人の話には、アートツーリズムという形で消費されていく眼差しとはひと味違う「場」をめぐるアートの視点・立場を浮かび上がらせてくれたようにも感じる。

＜第１部＞

吉田：そろそろ始めましょうか。どうもお待たせしました。まだこちらに向かっている途中の方もいらっしゃるかと思うんですけど、予定の時間になりましたので、今から始めたいと思います。
今日はちょっと冷えますので、教室はちょっと寒いかもしれません。暖かい飲み物も置いていますので、合間合間にぜひ召し上がって下さい。よろしくお願いします。
今日はお集まり頂いてありがとうございます。
『美術科教育法C』といううちの講座（琉球大学美術教育）の方でやっている授業があるんですけれども、その一環として外部の方も招いて公開集中講義という形で行っています。
案内の方にもありますように『瀬戸内国際芸術祭 2013 の現場から』ということで、今回は vol.2 ということになります。vol.1 は、６月の中旬頃だったと思うんですけれど、まだ『瀬戸芸』の秋会期が、彼女達の会場ではスタートしていなかったんですけれど、亜弥さんに来て頂いて話をして頂きました。その続きと言うことになります。
それで、今日講師として来て頂いているのが、2013 年『瀬戸内国際芸術祭』本島（ほんじま）というサイトで活動された、うちの卒業生です。ちょっと紹介しますね。自分の隣にいるのが平良亜弥さんです。
平良：こんにちは。
吉田：奥にいますのが、西岡万里子さんです。
西岡：西岡です。よろしくお願いします。
吉田：亜弥さんの方は、県内で色々活動されている作家さんです。万里子さんの方も映像作品作ったり、音楽活動とかで以前沖縄で活動されていました。この２人のお話を、今日は皆さんと一緒に聞かせて頂きたいと思います。自分は、琉球大学の吉田と言います。今日は聞き手役ということで、一緒のテーブルにつかせて頂きます。もう１人あの隅っこの方にいるのが、上村先生です。一緒に２人でこの授業をやっています。
講師の２人に存分にこれからしゃべって頂きたいんですけれど、２人はしゃべりだすと暴走するかもしれないので (笑)、自分の役割と言うのはそのストッパー役というか、伴走者的な役割で、色々お話を聞かせて頂きたいなと思っていますので、お二人さん、よろしゅうお願いします。
西岡・平良：よろしくお願いします。
吉田：それでは、さっそくですね、vol.1 の方、６月にも亜弥さんから簡単に『瀬戸芸』の経緯について話ししてもらったんですけど、その時いらっしゃらなかった方もいてるので、そこからちょっと聞きたいんですけど。
まず、トップバッターとして万里子さんの方から、この『瀬戸内国際芸術祭 2013』に参加した、参加することになった経緯。それと、もともと沖縄の人やんか。本島とどういう縁があって、その場所で今回どのような活動をすることになったのかというのを最初に伺いたいんですけど。

1-1:「屋釜に行くか」ということで…

西岡：こんばんは。ちょっと経緯を大まかになんですが、お話させて頂きます。昨年、私事で申し訳ないんですが、香川県の方に、西岡家というお宅の方に嫁ぎまして。香川に住み始めて２～３年になります。私の夫のお母さんが、今回『瀬戸内国際芸術祭 2013』の会場に入りました本島という島の出身なんですね。

このマップ (p.13-15) で見ると、ここですね。その横が瀬戸大橋で…拡大すると、こういう…

吉田：丸亀市、本島？

西岡：そうですね、香川県丸亀市本島という所なんですけど。香川の方から、丸亀港から船で行くと３０分くらいで着く、人口が440人前後の、小さな集落が集まった島です。『瀬戸芸』が始まる前は、これは水見色（みずみいろ）小学校っていう『機関車先生』っていう映画のロケ地になった場所だったりとか、あと次に出てくる「夫婦倉」という、こういった所が観光地としてちょこちょこ案内される場所です。

ここが「笠島」といって城下町なんですが、文化遺産に登録されるくらい大切に保管されている綺麗な町並みでがあったりするんですが、だいたいバブルの時期は、大きなホテルが建ってすごく賑わっていたそうなんですけど、バブルが弾けた後に、ホテルが無くなって。それからはもう、お客さんのくる機会は年に２回、マラソン大会の時と、お遍路のような「本島お大師参り」というお参りがあって、その時に沢山の人が集まるくらいで。普段はそんなに観光客の人が歩いているのは余り目にしないような、静かですごく素朴な島です。

吉田：さっき、歴史的な建造物がいくつか映っていたけれど、自分もそんなに知らなかったんだけれど、「塩飽（しわく）水軍」との関わりがすごく大きな島なんですよね。「村上水軍」のことは知っていましたけれど、「塩飽水軍」のことは初めてで。

西岡：はい、塩飽水軍。笠島で分かると思うんですけれど、すごい建築が綺麗なんですね。というのも、水軍がすごい発達して船大工が街をどんどん造る技術が発達して出来た、すごく特殊な、歴史的にも価値のある町並みらしくてですね。その水軍の末裔だった船乗りは、勝海舟が咸臨丸で渡米した時に、乗組員５０名中３５名がこの本島の船乗りで、海のプロということで目をつけられて、上の方からの指示で一緒に渡米したという歴史があるくらい、海の波を読むとか風を読むと言うそういうことに長けた人がすごく沢山いたという…。

吉田：その操船技術がすごいものがあるということで、それですごく重宝されたわけですね、戦国時代から。

西岡：そうですね。「塩飽勤番所」という所が、もう１つ観光地であるんですけれど、それは江戸幕府により唯一自治を任された島という形で。そういう歴史がある島です。

吉田：本島で２人は制作したわけやけど、『瀬戸芸』自体は、すごく沢山の島で行われていて…１２くらいの島でやられているじゃないですか。それで、『瀬戸芸』も今回２回目やんか。本島は前回はサイトじゃなかった。今回から…

西岡：はい。前回は、私と夫はお客さんとして島を色々あちこち巡って、「本島も入ったら面白いね～」っていう話を冗談でしているような感じだったんですね。それで、本当に2013年に会場として入るっていうことが決まって、何かこう「えっ」って、「どうしよう、どうしよう」みたいなのが自分たちの中でちょっとソワソワし始めていた時に…

これが本島の地図 (p.14) なんですが、港がこの辺にあって…割と今回『瀬戸芸』の作品群はこの港周辺に集中していたんですね。私たちの会場となった屋釜（やがま）はここで、見て分かるように全く反対側で、山を越えて行かなければならないので、チャリンコで行くと大体４０分～４５分からる場所で、結構きついんですね。歩くと１時間近くかかる場所で。場所的にちょっと、難しい所があって…そういうのも作品を考える所で色々と影響したんですけれど。

吉田：港から離れて反対側の所やねんけれども、ここでやるべきだったんですね。

西岡：まず『瀬戸芸』が始まる云々の前に、プライベートで本島の方に行った時に、屋釜の場所を見せてもらって…

３年前、西岡家に（結婚の）挨拶に行った時に、「屋釜に行くか」ということで行ったんですね。その屋釜の場所がこういう荒れ地で、でも何か変な廃墟みたいな感じに私の目には映って…いったいこれは何を作ろうとしていたのかな、という疑問と、でも何か味があるというか。どんな経緯でここにこういうのがあるのかなと、その経緯が気になっていて…まあ、その時は特にそんなに深くは聞かずに、でも、「別荘建てようとしていたんだ」と言う話を軽くサラッと聞いていただけだったんですね。「ああ、そうなんだ。」と。そのときは除草剤とかを撒いて簡単に手入れしているような状況だったんですが、何かすごいこの場所が気になっていて。

西岡のお義父さんが昔、自分でコンクリを流して建てた場所っていうふうに聞いていて。

吉田：そこで？

西岡：後々お話するんですが、色んな経緯があって、私と夫と、平良亜弥さんとで作品を展示することになって、話が進んでいくんですが。

タイトルが『ここにいるために to be here』という作品で詩のようなコンセプトになっているんです。家族をテーマに、自然との共存というのを見つめる、そういう作品を作りたいっていう所に落ち着いて、進めて行きました。で、２人でコンセプトの文言はすりあわせて作っていって、大まかな説明なんですが…提出した書類ではこういった…(p.16,17)

吉田：最初のプラン？

西岡：はい、最初のプランなんですけど。これが屋釜の廃墟みたいな場所を真上から見た地図です。(p.15.17) 大きい、一番真ん中に来る所を私と夫で作り込む、展示をするというのと、下のガレージの辺りと壁と庭を使って亜弥さんが展示をするっていうふうに分けて決めていきました。その外側は共有スペースというか２人を繋ぐスペースっていうか。敷地全体で２つで１つの『ここにいるために』という作品にしようというふうに。

吉田：下と２階に分けて、その周りの敷地も含めて作品ということで、最初のこのプランが出された訳ですね。

西岡：はい。壁に施すこの波の模様をイメージしていたんですけど。当初から幼少期の思い出を夫の兄弟にした取材で聞いていて、雑草を扱いたいというのが出て来てて。「草遊び」をする、とかそういうのがあったので。ネコジャラシに目をつけて、ネコジャラシで何ができるかというのを試作しながら、穂の部分で波が描ける、種の部分で細胞が描けるっていうふうに思って、こういうプランで。

細胞は屋根になる部分なんですが、まあ、細胞っていう小さな宇宙と、空って言う大きな宇宙を重ねて…そういう空間にしようと思って。

吉田：これが亜弥さんの？

西岡：これが亜弥さんの最初の段階のプランで。えっと指輪を使ったインスタレーション。そういう形で２人のプランを合わせて提出しました。

瀬戸内国際芸術祭とは

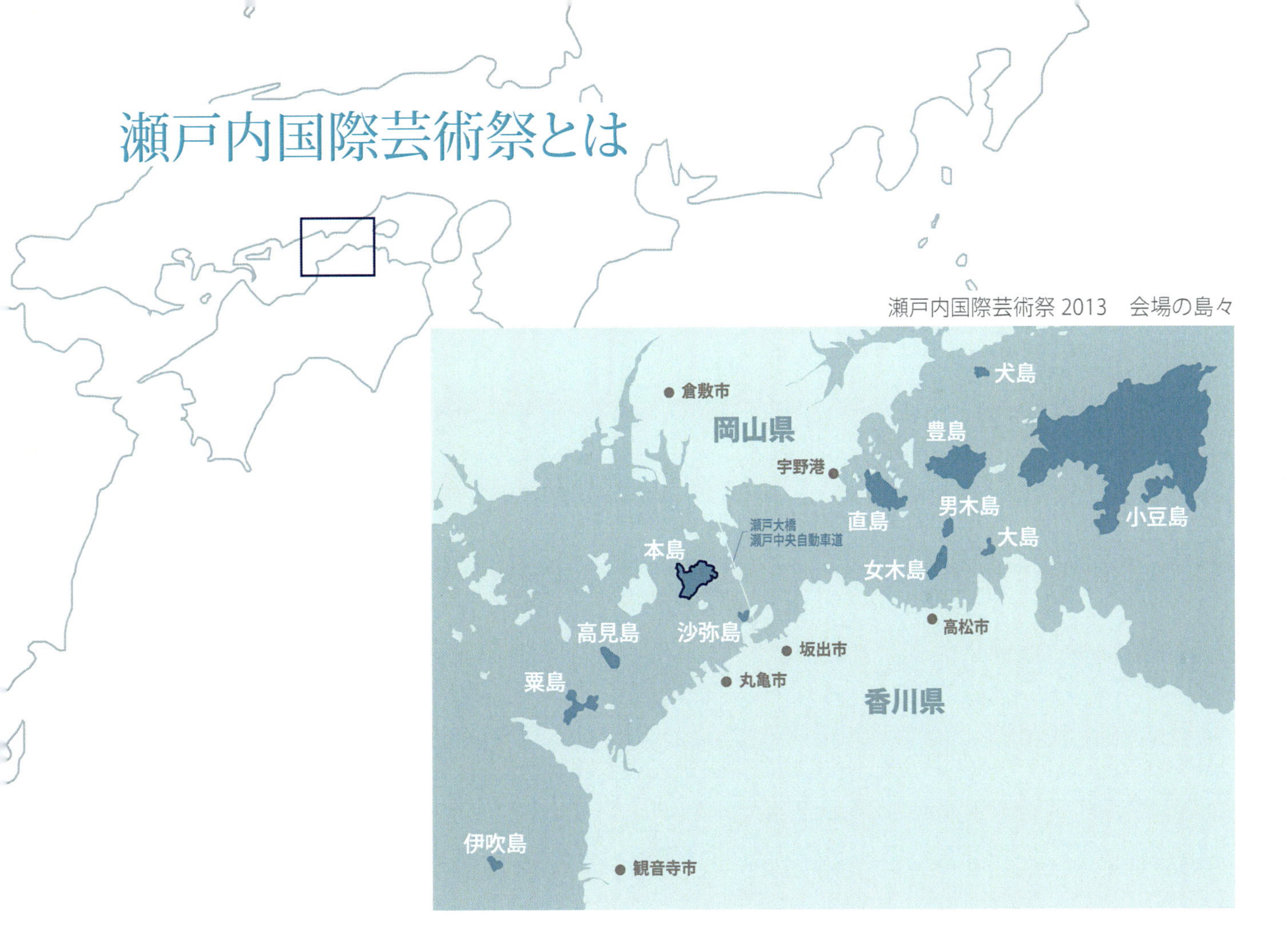

瀬戸内国際芸術祭 2013　会場の島々

『瀬戸内国際芸術祭』は、瀬戸内海の島々を舞台にした、トリエンナーレ形式（３年に一度開催）で行われる現代アートの祭典。北川フラム氏が総合ディレクターを務め、2010 年から始まった。国内外から多くのアーティストが参加し、地域住民や自治体、一般ボランティアとの協働で運営されている。

２回目となる 2013 年には、新たに５つの島（本島、沙弥島、高見島、粟島、伊吹島）が加わり、春、夏、秋と３つのシーズンに会期を分けて開催された。

平良・西岡が発表した本島は、秋会期に開催され、４つのイベント、11 組のアーティストの作品制作、展示、公演が行われた。

瀬戸内国際芸術祭 2013
「アートと島を巡る瀬戸内海の四季」
主　　催＝瀬戸内国際芸術祭実行委員会
会　　場＝香川県の 11 の島、犬島（岡山県）、
　　　　　高松港周辺、宇野港周辺
開催期間＝春夏秋の３会期　１０８日
※２６の国と地域から２００組のアーティスト、プロジェクト、４０のイベントが参加
総来場者数　1,070,368 人
本島来場者数　28,372 人

本島

honjima

香川県丸亀市に属する面積 6.74㎢、周囲 16.4km、人口 446 名（H25.12 現在）の島。丸亀港からフェリーで３０分ほど。村上水軍と並んで名をはせた「塩飽水軍」の本拠地として栄えた。国の史跡に指定されている「塩飽勤番所」をはじめ、歴史・文化財の宝庫としても有名。国の重要伝統的建造物群保存地区「笠島」は、古く美しい町並み。普段は、観光客もあまり目にしないような、静かで素朴な島である。

地図及び写真上の枠内が平良亜弥と西岡万里子の作品場所、
道向かいに黄色い家が建っている。

屋釜

yagama

本島港と反対側、島の北側に位置する。港から屋釜まではアップダウンが多く、自転車で４０～４５分、徒歩１時間ほど。屋釜ビーチとその周辺に民家が数えるくらい点在する小さな集落。西岡家の家族の思い出がつまった黄色い家と、展示会場となった建築途中の建物もここに佇んでいる。

タイトル：
ここにいるために　to be here

コンセプト：
個人と個人が契りを交わし、家族になること。
愛情を誓い、互いを認め合い理解し合い、
家族が幸せに暮らすため、家族を守る行為。
それは、小さな家族との約束である。

人間が自然に対して契りを交わし、家族になること。
自然からの恩恵を感じ、感謝すること。
調和のとれた世界を築くため、侵してはならないルールを守ること。
それは、大きな家族との約束である。

私たちがここにいるためには、何に対して何を守り、何を誓うのか

大きな宇宙の存在が小さな宇宙の存在をうみ、
小さな宇宙の存在が大きな宇宙の存在をうむ。
全てのものはまるで細胞のように深く密接に関わっている。

大きなものと小さなものの関係性

土地を守り、家族を守り、生活していくこと。
地球も人間も家族と捉え守ることは、何に繋がるのか。

調和のとれた宇宙を前に、生命のありようとして
私たちのこれからはどうあるべきかを問い直したい。

資料：2012年11月時点での作品プラン

全体プラン

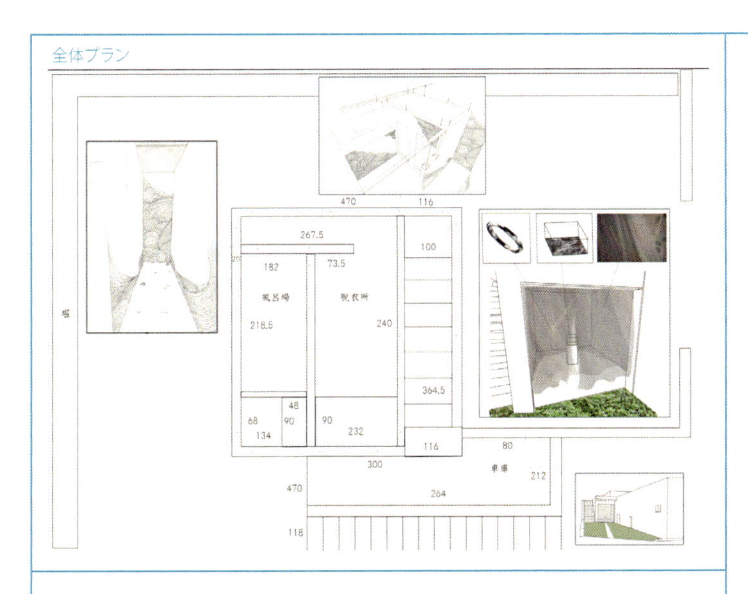

光のリングは、スライドプロジェクターを使って、リングのシルエットを布に投影。

ライトボックスのアクリルケース内には、刺繍と「to be here」と刻印された指輪を設置。

海や波をイメージ淡いブルーの生地には、ボックスの中の刺繍の陰が淡く反映されて、人の出入りや風で布が揺れ、波をイメージするような空間を演出する。

シロツメクサの道の向こうには、淡いブルーの空間。
海をイメージした幾層にも重なった淡いブルーの中心には小さな空洞。
円状の空洞の中心には、アクリルケースと光のリングが浮かぶ。
アクリルケースの台には、波（海）や木々（陸）の陰をモチーフにした刺繍。
海と陸の境界線は円弧状に描かれ、そのラインから光がもれ、
自然が描く光のリングをイメージできるような図案と仕掛けを施す。
さらに、刺繍の上には「to be here」と刻印された指輪が設置され、
ボックスのそばで揺れる布にもその指輪のシルエットが光として浮かぶ。
鑑賞者は、光の指輪を自分自身の指に重ねてみることもできる。

ブルーの空間から鑑賞者が退出するときに、シロツメクサの道がまたひろがる。
花言葉「約束」と「復讐」のふたつの意味をもつシロツメクサの道は、
私たちが歩んできた道でもあり、これから歩む道でもある。

生命のありようとして、どのような存在であるべきかを考え、
ここから、どう歩むのかを自然界に約束する空間をまず導入として設置する。

平良プラン

西岡プラン

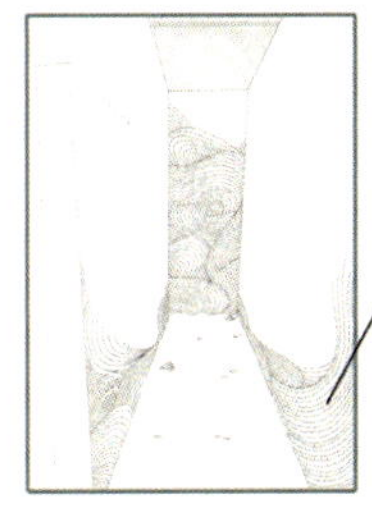

猫じゃらしの穂を使って波を描く。穂は乾燥させボンドでベニヤ板に接着する。

壁に描かれた波濤はこの場所を翻弄してきた時代の波、記憶の波、生命の母体である海を表す。また鑑賞者が植物と動物が別々の道を歩み始めた起源を想起する為の補完的役割を担う。

天井を下から見た図

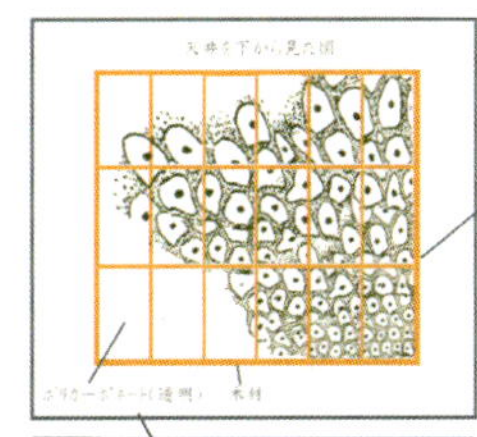

ポリカーボネート（透明）　木材

天井を下から見た拡大図

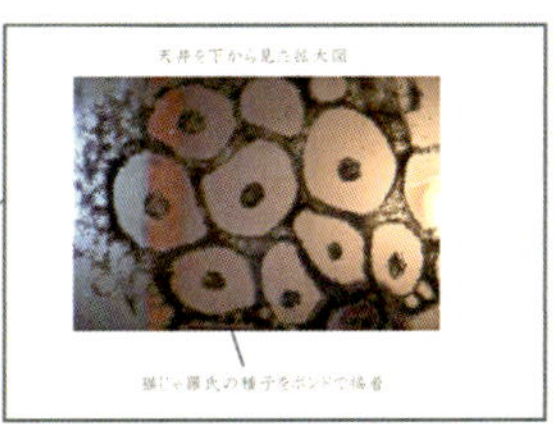

猫じゃ羅氏の種子をボンドで接着

「地球や人類を家族と捉え守る事が身近な人達を守る事に繋がる」
人間の全細胞は約60兆個、そのうち15兆個が1日に死に、再生する。
宇宙の星の数は未知数だが、今この瞬間にも星が死に誕生している。
大きな宇宙が小さな宇宙をうみ、小さな宇宙が大きな家族をうむ。
大きな家族が小さな家族をうみ、小さな家族が大きな家族をうむ。
全ては相互に作用し、切り離せない関係性をもちながら存在している。
種子で描かれた細胞はそれ自体が生命を表しその網目の様な繋がりは全てが密接に関わっている事を意味する。鑑賞者に細胞の網目状の影が落ち、観る者を作品の一部に取り込むような空間をつくる。

空（＝大きな宇宙）と細胞（＝小さな宇宙）を照らし合わせた空間の中で、自然と人間との間に起こる様々な問題の原因と調和のとれた世界への道が自ずとみえてくるのではないだろうか。私たちがここにいるために心に留めておく光景を描きたい。

素材：
布、指輪、プロジェクター、刺繍、アクリルケース
猫じゃらし、シロツメ草、ポリカ板

サイズ：
【車庫】奥行 3.85m × 横 2.7m × 高 2.3m
【家】奥行 4.7m × 横 4.7m × 高 2.8m

資料：2012 年 11 月時点での作品プラン

1-2: 土地を均すところから始まって

西岡：まず、掃除をしようっていうことになって、（開催前年の2012年9月に）亜弥さんが来てくれた時に一緒に掃除とネコジャラシの収穫をして、人の手でできることは自分たちで少しずつ進めました。その後、土地を均す作業をお義父さんがユンボーを入れて自ら手伝ってくれて。土地の提供をはじめ、お義父さんの協力なしには、展示する土台も整えるのは難しかったと思います。私たちだけではかなり厳しい状況でした。

吉田：まず、土地を均すところから始めたのね。

西岡：土地を均すところから、ほんとに一の一から始まって。春ぐらいにはもうあとちょっと、みたいな感じでちょこちょこ行ってはやって、行ってはやって。石ころどけて、っていう細かい作業をして、馬糞を蒔いて耕耘機をかけて、種を蒔いて、という風にひとつひとつ手作業で、手探りでやってきました。

最終的にはこういう形になったんですけど、そこに至るまでが、なかなか芽が生えないとか、気象条件が悪くて、空梅雨で雨が降らなくて、芽が出ないっていう状態が続いたりしたんですけど、色んな先輩方のアドバイスとか受けて。真さん（玉城真氏、琉球大学卒業生・「うえのいだ菜園」主宰）の案で、枯れた草とか蒔いたらいいよ、遮光になるよとか色んなこと教えてもらって、遮光ネット被せたり、どっちがいいのかとか、実験しながら。もう本当に手探り状態で一個々々やっていって。でも、2階の庭の部分が生えないんですよ。この部分だけ生えなくて、下の入り口の方はよく芽が出たんですけど、どうしてもここが、太陽の当たる具合なのか、水はけの具合なのか、何か分からないんですけど、出ないってその時はなっていて。

吉田：なかなかイメージ通りに敷地全部にシロツメクサが根付いてくれないっていう試行錯誤が、最初、相当大変やったんや。

西岡：はい。それで、お義父さんが「念のため黄色い家（会場の道向かいにあるプレハブ小屋）の裏にもシロツメクサを植えておけば」って言ってくれていて、向こうにも植えていたんですね。それを最終的にはどうしても生えなかった部分には、9月に移植しました。そっちから根こそぎ、琉大生の子たちが手伝ってくれて植えた所もあるんですけど。最終的にこれぐらいの形に整って、何とか間に合ったような形になりました。お庭みたいな…。

ネコジャラシの波を試作した時に、穂に色があるなっていうのを、やりながら気付いて。種類分けをすると、これぐらい色んな色があったんですね。種類もエノコログサ、オオエノコロ、キンエノコロ、アキエノコロとか色んな種類があって、どれがどれか私もよく分からないんですけど。岡山大学の先生に電話したりとか、保存方法を聞いたり、種の処理の方法を聞いたり、虫を除けるにはどうしたらいいですか、とか。岡山とか香川の大学の先生からアドバイスをもらって。

1-3: 色んな方に手伝ってもらって

吉田：ネコジャラシは、もともとあの場所に沢山生えていたんや。

西岡：そうですね。現場に生えていたっていうのと、建物がちょっと放置されていたっていうのと、疎まれがちな雑草っていうのが重なったっていう部分があったのと…後々知ったんですけど“遊び”っていう花言葉を持っているんです。“アートは遊びの極み”だなって思っている所があって、すごいぴったりな植物だなと。やっぱりこれ選んで良かったなと落ち着いたんですけど。

吉田：そのネコジャラシを使って…今映っているこの写真 (p.22) は何？

【シロツメクサを植える】
2013 年 3 月、 2 階に上がるスロープ部分。会場全体に生えていた雑草を除草して、土を入れ歩きやすいように土地を整える西岡。（左上）
2013 年 10 月、会期中の様子。制作中にできた美しいカーブの道を辿る来場者。（右上）
2013 年 3 月、 2 階のお庭部分。（左中） 会期直前、水はけが悪くシロツメクサがなかなか生えなかったが、移植をしてようやく根付いた。（右中）
2013 年 3 月、平良作品が設置される倉庫へ続く部分を整えている様子。（左下） 会期中、道に沿って作品近づいていく来場者。（右下）

西岡：北川フラムさんからのアドバイスで、島民ともっと絡むといいよってアドバイスがあって、どっかの機会で島の人と絡みたいっていうのがあって、穂の色分けを手伝ってもらいました。１人でやるとほんとにすごい地道な作業なので、本当に困っていたっていうのもあるんですけど、いい機会だなと思って。作業して、話して、お近づきになれるといいなーって。こうやってみんなで。足も痛いって言っているのに、椅子から下りてもらって (笑) 色分けしてもらって…。その時のことを、地元の新聞の方が取り上げて下さって、３社くらい記事にして頂いたんですけど。

吉田：これは？ (p.18)

西岡：これは、ネコジャラシの種の試作なんですけど。ガラス板にどういう風に影が映るのかどういう風に見えるのかっていうのを試作していて。これは、形成した後に FRP を流し込んで、挟み込んだ感じですね。やってみたんですけど、FRP の匂いがすごい嫌で、きつくて…素材自体もそんなに好きじゃなかったんで、値段もそんなに安くないし。それで没にして、やっぱりガラスとか何か透明なものに貼るのがベストだなぁということで、膠を試してみたり、ボンドを試してみたりしたんですけど。膠はやっぱりすぐ剥がれたんですね。１ヶ月は持たないっていうことでやめて…ほんとは出来るだけ膠とかにしたかったんですけど、虫が来るっていう可能性が指摘されたのと、あと接着力がやっぱり、広い範囲じゃないから弱いと言われて。影の具合はこうやって、見ながら試作して。

波の方は、長い鳥の子紙に下絵を描いて、それを板に起こして、色分けをしてもらったネコジャラシを一本一本貼っていく。色順に貼って行くという作業をしていました。舞台芸術、舞台のセットじゃないんですけど、重ねてちょっと立体感を出して離して作る予定で。波の後ろにある樹の形のオブジェは、今回出さなかったんです。最終的に没にしたんですけど、実は波の方より時間かかってて…半年くらいかかっていて。

吉田：そうなんや。結局これはやめて？

西岡：出さなかったんです。本物の樹がそこに沢山あるのに、またその内側に樹の作品を置くのはどうなのかなって思ってきたのと、この樹の作品を置くと空気の流れがちょっと悪くなるのと、影が上手い具合に落ちる所なのに、これを置くと影と重なっちゃって、何が何やら訳分からなくなる感じだったんで、やめました。

それで樹の作品のこの厚みの部分も一個一個穴を空けて、リカちゃん人形の頭に毛を埋めるみたいな作業をひたすら半年くらい続けていたんですけど…

吉田・平良：(笑)

西岡：すべてパーにはなったんですけど (笑)…何かまあ、それも経験かな、みたいな。

西岡：ほんとにもう植毛みたいな感じで、ネコジャラシをちぎっては埋め、ちぎっては埋め、みたいな感じで。

吉田：これは現地で…

西岡：現地で実際に持って行って、設置しながら様子を見て、どれくらいの高さでどうボリュームを出すかみたいなのをバランスを見ながら決めて…。もうちょっと上の方まで最初は予定していたんですけど、ちょっとやめて、これくらいでいいかな、とか。

これは屋根の部分にあたるものなんですけれども、茶色いのがシロツメクサの種で、白っぽいのがネコジャラシの種です。二つにそれぞれ色があったので、色分けをしながらポリカーボネートっていう、よくカーポートの屋根に使われているすごくしなる素材の上に貼っていって。ボンドで貼って、その上からさらにボンドでコーティングしないと落ちてくるんですよ。１ヶ月雨風に晒されるので…。

吉田：会期中、持たさんといかんからな。

西岡：持たさないといけないので。あまり気は進まなかったんですけど、挟む感じにしてやりました。この制作している場所も、お義父さんのガレージを貸してもらって。色んな形で、ユンボー出してくれたりガレージ貸してくれたり…色んな形でバックアップしてくれたのがお義父さんで。

この写真は、後輩の玉寄真季子さんと中村絵美さんっていうアーティストの方が種のはり付けを手伝ってくれた時の写真です。すごい助かりました。

他にも色んな方に手伝ってもらっていて、この写真は齊藤正さんっていう一級建築士の香川県でご活躍されている方で、本島サイトの作家の１人でもあるんですけど。その齊藤さんが、測量やアンカーの打ち方を教えてくれたり、屋根の勾配の相談に乗ってもらったり、構造の部分とか…。

吉田：同じサイトの作家さんたちに、相当色々助けられていたみたいやね。

西岡：そうです。同じく出品作家の石井章さんっていう咸臨丸のオブジェを作った方なんですけど、実際にコンクリートに穴を空ける道具をお持ちだったので、空けて頂いたりとか。結構砂利が入っていて、簡単に穴が空かなかったので、特殊な機材で空けてもらったりとか。その時にちょうどテレビの取材が来てて、カメラが回ってて、やりにくかったとは思うんですけど。

その後に、夫と上村先生と吉田先生と、あと学生の匠君、男性陣を中心に屋根を付けて頂いて、本当に助かりました。「セルフビルドにしてはいいね」って、齊藤さんからもお褒めの言葉を頂いて。

この屋根の影が、お昼の 10 時から 12 時くらいの２時間くらいの間…。(p.24)

吉田：綺麗に映っているね、これ。

西岡：晴れの日だけなんですけど、影がこういう風に映って、屋根と影と絵が一体になるようなそんな空間が出来たりとか…。時間帯とか、あと天気によって見え方が変わる作品ですね。

お義父さんは「海中に潜って上を見た時の海面の泡に見える」って言ったり。女性で「何か子宮内にいるみたい」と仰る方もいたり…「何これ、ヒョウ柄？」って言う人がいたり「レンコン？」とか、色んな…ほんとにそれぞれ色んな形で受け取っていて。

一番奥の部屋にネコジャラシが植えてあるんですけど、その部分が最後まで悩んでいた箇所で…。壁の方に何かを施したかったんですね。植物と人が、元を辿ると１つの生命から分かれて、動物と植物っていう風に存在しているっていうことを、視覚的に…ちょっとまあ、ヒントじゃないですけど、そういうのを感じてもらえたらいいなっていうので、鉛筆で、少しなんですけども、気付かないで通り過ぎる方もいっぱいいらっしゃったんですけど、鉛筆で描いて。中央に丸いものから右と左に分かれて、動物の発生の様子と植物の発生の様子っていうのを描いています。

1-4: 穏やかな土地であってほしい

吉田：ええと、発生の様子っていうのは、もうちょっと具体的に。ちょっと写真では分かりにくいんやけど。(p.25)

西岡：丸いものが中央に描かれていて、右にいくと動物の発生、要するに精子と卵子が出会って細胞分裂が始まっている様子が描かれていて、反対側にいくとめしべとおしべから受粉して、そこから種から芽が出ていって植物になる様子が描かれていて。鑑賞者がその前に立つことで成立する作品というか。こうなると、貴方が発生する様子ですよ、そっちが植物が発生する様子ですよ、でも元を辿る

とひとつの生命でしたよね、みたいな。そういうのをちょっと気付いてもらえたら…。

吉田：まあ最初にも出てきたけども、家族のことだけではなくて自然との共存みたいなことが強く…。

西岡：そう、自然との共存、除草剤を撒いての管理に対してちょっと疑問があって、もちろんお義父さんの土地だからどうしようが勝手なんですけども、ゆくゆくはお義父さんがもしも歩けなくなったりしたら、私たちが管理する側になった時にやっぱり健やかな土地であって欲しいという。トマト一個を育てて不安になるような、食べれるか考えちゃうような土地ではない方がいいな、っていうのがやっぱりあって。私が何かすることでその土地の管理方法が変わったりとか。お義父さんの意識が微々たる差でもいいんですけど、変わってくれないかなっていう期待を込めて環境のことと家族のことと絡めた作品にしたかった。

吉田：じゃあ奥のあの絵は相当いろいろ悩んだっていうか、一番重要なところでもあったわけだ。

西岡：結構悩んでいましたね、屋根の方で全てが一つであるということを示唆してて、空っていう大きな宇宙と細胞っていう小さな宇宙全てが影響し合って、大が小を生み、小が大を生みっていう世界観、相関関係を具体的に見る装置で…。

吉田：今映っている写真のシロツメクサが植えられている所に道ができているやんか、これも細胞に重なって見える。

西岡：「細胞の模様ですか」っておっしゃる方が何人かいらっしゃったんですけども。これは本当に偶然で、なかなか生えなくて困っている時に、全然生えていない所を中心に亜弥さんと一緒に道にしよう、という感じに作っていったので、そんなにがっつり細胞にしようとか考えずに、自然とできあがった所を整えた感じだったんですけど。鑑賞する方は色んな形で解釈されてて、細胞の中にさらに建物があってみたいな、不思議な自然に内包されてるみたいな感じで捉える人もいるのかなとか。

吉田：まだまだいっぱい話したいことあると思うんですけど、いったんここで亜弥さんにバトンタッチしてもらいたいと思うんですけれども、万里子さんの方から亜弥さんの方に話をしたわけね。

西岡：私を心配してくれて、お義父さんが色んな方に一緒にやらんかと声をかけたり、本人が作品を出そうとしたり、色んなことが起こって…。

吉田：義父ちゃんはどんなプランやったんか？

西岡：お義父さんの作品プランは懐かしの品々をガレージに陳列するような作品でした。お義父さんもびっくりするくらい意欲的でした。私としては「やっぱり信頼のおける作家と一緒にやりたい」って伝えて、お義父さんの許可を得て。亜弥さんにこちらから声をかけて、「一緒にやってくれませんか」っていうことで、ほんとに急遽2012年8月ぐらいにお願いして、9月に来てもらって。急だったんですけどOKしていただいて、という形で。

香川 10版 2013年(平成25年)5月11日 土曜日 朝刊

猫じゃらし8万本 島民と芸術

本島 作品づくり準備

瀬戸内国際芸術祭の秋会期（10月5日～11月4日）で会場になる丸亀市の本島で10日、作品づくりの準備が始まった。島の女性たちも手伝った。

猫じゃらしを手にする作家の西岡万里子さん。本島の女性たちと一緒に選別作業に取り組んだ＝丸亀市の本島

瀬戸内国際芸術祭2013

本島北部の屋釜地区には、沖縄出身で坂出市在住の作家西岡万里子さん(30)が、建設途中で取りやめた家を使った作品「ここにいるために」を制作する。

雑草のエノコログサ（猫じゃらし）約8万本で家の壁面や天井を飾り付ける。西岡さんは、どこにでも生えている雑草を使って、自然と人間の関係や家族の大切さを問いかける内容にしたいという。同じ沖縄出身の平良亜弥さん(31)との共同作品だ。

この日は、島南部の本島市民センターで、昨年秋に丸亀市や坂出市で集めた猫じゃらしの選別作業があった。島の女性10人も西岡さんの作業を手伝った。緑が残るものや茶色くなったものなど、色の違いを利用してパネルに貼り、波の形を表現する。作品についての説明を聞いた木下美保子さん(68)は「見慣れた猫じゃらしで、芸術ができるなんて」と驚きながら、作業にあたっていた。

西岡さんは「育った沖縄のやんばる（山原）と本島は、景色も人柄もよく似ている。島の方に手伝ってもらい、知り合いになれてうれしい」と話した。

本島会場では、合計8作品が作られる予定。（高山桂一）

ワークショップについての新聞記事

(2013年5月11日　朝日新聞 香川版)

２階へと上がると、シロツメクサのお庭に住居部分の建物が佇んでいる。中へ入ると、天井部分には種（シロツメクサ、エノコログサ）、壁は削りによって描かれた細胞が建物内を覆う。建物入り口正面奥には、色の異なる穂で制作された波のオブジェが設置されている。
光の移ろいによって細胞の影が建物内に映り込んだり、雨の雫や雲の動きと重なり合うことで、自然界の動きと呼応する。大は小を生み、小は大を生む。大きな宇宙と小さな宇宙がどちらもなくては成立しない、全てのモノが連鎖していることを体感できるような空間となっている。

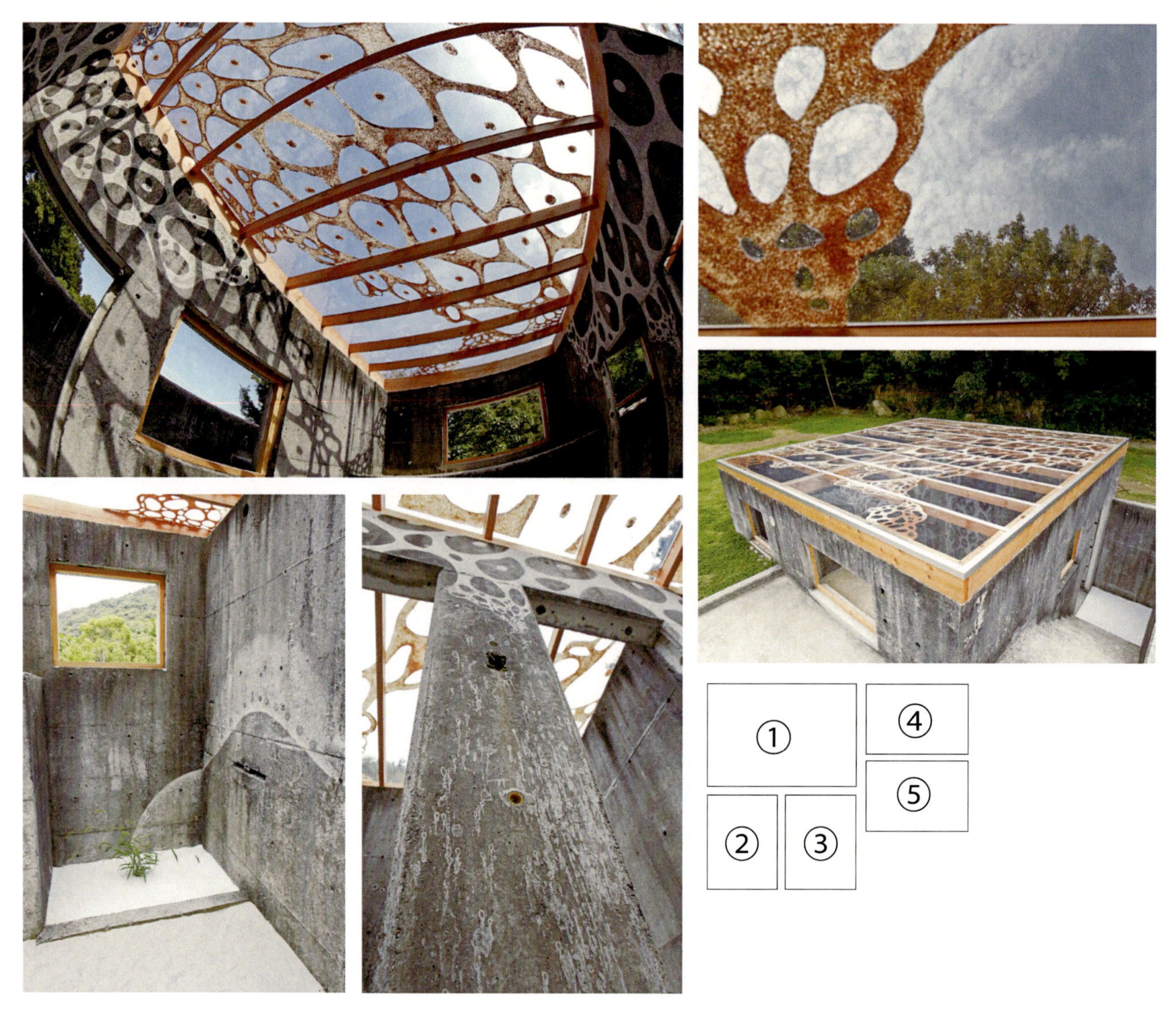

①昼間は建物内は強い陽の光によって影が映り込み、細胞のような波間ような、不思議な空間の中に取り囲まれる。②元々会場に生えていたネコジャラシが細胞分裂の壁画に連鎖するように佇む。③雨風に晒された壁を削り、天井の種の細胞と繋がるように、細胞や小さな蠢きの様子がいたるところに描かれている。④天を見上げると空（大きな宇宙）と種（小さな宇宙）が重なり合う。⑤２階へ上がると、天井部分を上から覗き込める。

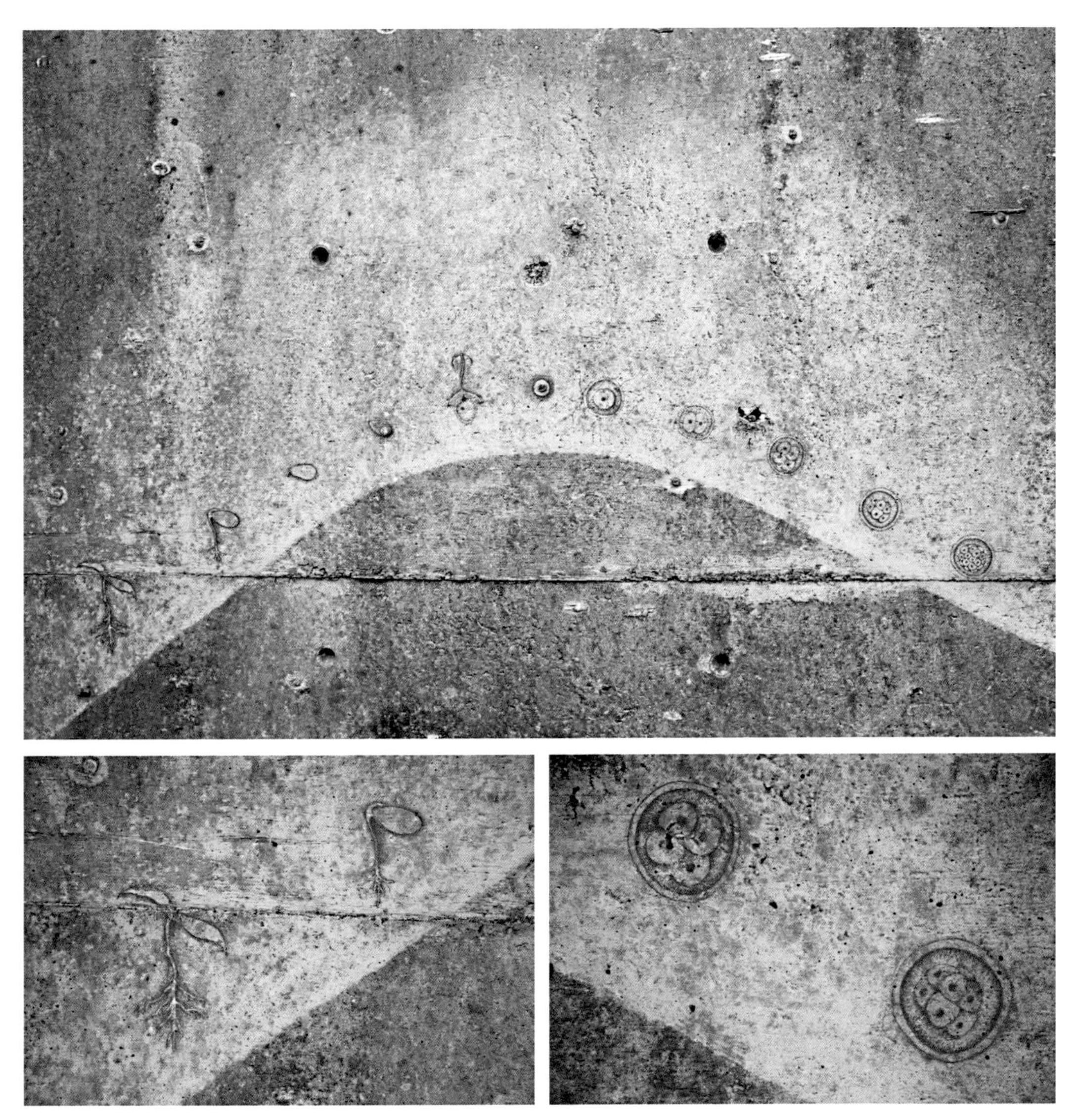

中央の丸い細胞から右側は、動物の発生の様子。精子と卵子の受精から細胞分裂が描かれ、その延長線上に鑑賞者である「あなた（人）」が存在する。また、左側は受粉をして芽が出て植物になる様子が描かれ、その延長線上にはこの地に生えていた「ネコジャラシ（植物）」が存在している。植物と人（動物）が元を辿ると一つの生命であり、共存していることを示唆している。

西岡家芸術祭のはじまり

平良 亜弥

西岡家のみなさんにお会いしたのは、2012年9月。屋釜（本島）での作品制作にあたって、顔合わせと会場見学のため香川を訪問したのが最初だった。海と家族をこよなく愛するお義父さんを筆頭に、３世帯１３人のご家族。滞在初日、一緒にご飯を食べた時のことを思い出す。話で聞いていた西岡の人々が、目の前にいる。雷おやじと聞いていたお義父さんは、厳ついけれど気遣いのあるとても繊細な人で、お義母さんは茶目っ気のある優しく可愛らしい方。お義姉さんの家族も皆優しく、次女の南砂ちゃんの「The ギャル」な姿が強烈だった。食事の後、おばあちゃんがアルバムを見せてくれた。作品会場となる建築途中のコンクリートの建物は、元々は家族が本島に遊びに来た時に２～３日泊まる場所として建て始めたもので、その道向かいにある「黄色い家」と呼んでいる屋釜宅は、簡易的に建てたものだそうだ。当時、屋釜の海で泳いだ後の休憩・団欒の場所として「黄色い家」が使われていたので、西岡家の思い出の場所は、どちらかと言うと「黄色い家」の方であった。しかし、バブルがはじけ、子どもたちが大きくなるにつれて本島に遊びに行く機会が減ってしまい、コンクリート建物の建築は中断。今でも「黄色い家」は、屋釜に訪れた時の休憩所として使われてはいるが、最近では、お義父さんと裕宝さんが除草作業のために年に数回、屋釜を訪れるくらいであった。

西岡家にとっての屋釜の思い出である「黄色い家」と、これから家族の思い出が作られる予定のままの「建築途中の建物」が道を挟んで向かい合っている関係が、何だか不思議で興味深いと思いながら、アルバムを眺めていた。

2012年9月。西岡家での会食

2012 年 9 月。昇三さんさんと我富くん誕生会。亡くなった祖父の遺影も一緒に。（上）
2013 年 4 月。おばあちゃん誕生会。咲久くんが生まれ、家族がまた一人増えた。（下）

①西岡和成（にしおかわじょう）
西岡家の大黒柱。実は繊細で根は優しい雷おやじ。
②西岡恵子（にしおかけいこ）
優しく天然さんなお義母さん
③西岡八重子（にしおかやえこ）
お茶目な面をもつおばあちゃん
④西岡出朗（にしおかいづろう）
西岡のおじいちゃん（２０１０年他界）
⑤梶原千香（かじわらちか）
西岡家長女。四人の子持ち。しっかり者。
⑥梶原昇三（かじわらしょうぞう）
お義姉さんの旦那さん。
⑦梶原和心（かじわらにこ）
梶原家の長女
⑧梶原琉生（かじわらるい）
梶原家の長男
⑨梶原羽汰（かじわらうた）
梶原家の次男
⑩梶原咲久（かじわらさく）
梶原家の三男
⑪西岡我富くん（にしおかあとむ）
西岡家次男。根は優しいヤンチャもん。
⑫西岡南砂（にしおかなさ）
西岡家次女。ギャルの店「NASA」店主。
⑬西岡裕宝（にしおかゆうほう）
西岡家長男。万里子さんの旦那さん。
⑭西岡万里子（にしおかまりこ）
2012 年結婚、西岡家の一員となる。

万里子さんが屋釜での制作に至る理由のひとつとして、西岡（義父方）のおじいちゃんとのエピソードと、窪田（義母方）のおじいちゃんと西岡の兄妹への想いがある。万里子さんが西岡家に嫁ぐ前、裕宝さんと4ヶ月ほど香川で同棲をしていた時のこと。ある日、西岡家でお茶を飲みながら家族と団欒をしていたら「万里子さん、本当にすまんのぉ」とおじいちゃんが突然謝ってきたと言う。万里子さんは何のことか分からなかったので理由を聞くと、沖縄に対して日本軍がやってきたことを本で読み、歴史的に見ても沖縄県は虐げられている部分がある、基地を負担してもらっていることなど、全部含めて「沖縄には申し訳ないと思っとる、本当にすまんかったのぉ」と謝ってくれたのだそうだ。ちょうどその頃、沖縄の基地問題に対する考え方にギャップを感じていた万里子さん。「沖縄の人たちは基地を受け入れている代わりにお金をもらっているから、基地とどううまくやっていくかをもっとよく考えた方がいいんじゃないか」という意見を言われることもあったそうだ。そうした意見に対して、70年近く基地のある中で生活してきている沖縄の鬱憤が限界にきている、そのことを言いたくても言えない、生活の中での社会的な問題が生むわだかまりのようなもの感じていて、それは彼女にとって沖縄を離れて生活することへの迷いにも繋がっていたようだ。そんな時に、まさかおじいちゃんにいきなり謝られるとは思わず、万里子さんはとにかくびっくりしたのと、そんな風に沖縄のことを考えてくれていたのだということを知り、その出来事がきっかけで西岡家にお嫁に行くことを決めたと言う。

（故）西岡 出朗（にしおかいづろう）
義父方の祖父。2010年永眠。

その西岡のおじいちゃんが亡くなる半年くらい前のこと。突然「本島に行きたい」とおじいちゃんが言い出したそうだ。本島の窪田（お義母さん方）のおじいちゃんとおばあちゃん、２人に挨拶をしたいのだと言う。その頃、西岡のおじいちゃんは、大病を患っていたので、家族みんな口にはしないが、これが窪田家への最後の挨拶になるだろうと感じていたそうだ。そして、家族で本島に行き、窪田家に挨拶に出向いた。窪田家のおじいちゃんも足が悪く、西岡のおじいちゃんと二人、言葉少なめに挨拶を交わしている姿が印象的だったと万里子さんは言う。　両家のおじいちゃんたちがある意味最後の挨拶を交わした後、西岡のおじいちゃんが「屋釜の海が見たい」と言うので、万里子さんと裕宝さんが一緒に屋釜の海を見に行ったのが西岡のおじいちゃんとの本島での最後の思い出になった。

(故) 窪田 敏男（くぼたとしお）

義母方の祖父。2014 年永眠。

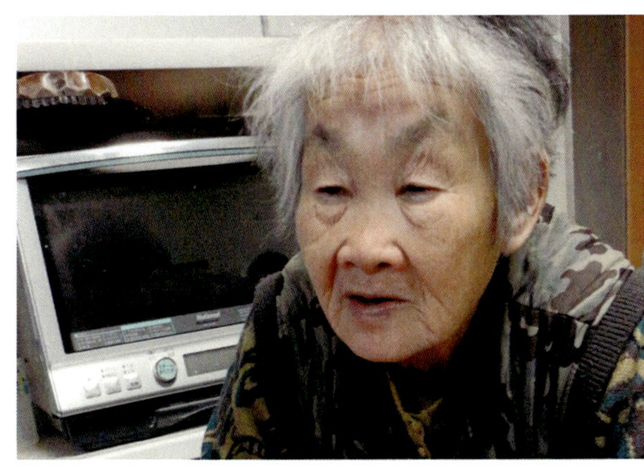

窪田 敏子（くぼたとしこ）

義母方の祖母。本島在住。

西岡のおじいちゃんと最後に本島に訪れた頃から、万里子さんは屋釜に対する想いや西岡家の思い出などが気になり、家族から色々な話を聞くようになったと言う。本島での思い出話一。ある日、家族で本島に遊びに来た時に、花火をしていて、我富くん（裕宝さんの弟）が大やけどをしてしまったことがあるらしい。窪田のおじいちゃんにとっては、孫が怪我をしてしまい、今でもすごく気にかかっている出来事らしく、しきりに我富君に会いたがっているのだそうだ。最近では、兄妹の中でも我富くんと南砂ちゃん（裕宝さんの妹）が本島に来る機会が特に少なくなっているので、窪田のおじいちゃんが元気なうちに二人がまた本島に来る機会が訪れるようになればいいなと、万里子さんは言う。家族から屋釜の思い出を聞いていくうちに、万里子さん自身もだんだんと屋釜への愛着が湧いてきたのだろう。また、沖縄を離れて生活している中で、新しい家族との関係を創造的な時間を通して深めていきたい、そんな想いが制作発表へと繋がっていったのではないかと思う。私自身も、万里子さんから伝え聞く西岡家の人々や屋釜のことからだんだんと彼女を取り巻く家族のことやその場所のことに興味を持ち、実際に会ってみたいという衝動で香川を訪れ、だんだんと人や場所への愛着が生まれ、「ここ」で作品を通して何か関わってみたいと思った。

こうして私は、西岡家芸術祭にのめり込んでいくのだった。

1991 年頃、屋釜宅庭にて。家族揃ってスイカ割りをしている様子。（左）
成長した我富くんと南砂ちゃん。（右上）
お父さんの稲刈りを手伝う南砂ちゃん。（右下／左）
稲刈りの時も、派手な付け爪は付けたまま。（右下／右）

1991 年頃の屋釜宅、屋根は赤く庭には沢山の木が植えられ定期的に手入れされていた。（左上）
2010 年の夏、初めて夫と義両親と本島を訪れた、屋釜宅前にて。（右上）
2012 年、手を入れる前の展示場所。放っておくと植物が生い茂る為、お義父さんと裕宝さんが定期的に除草剤を撒いて管理していた。（左下）
2013 年、『瀬戸内国際芸術祭 2013』秋会期の新規エリアとして本島が加わり、屋釜の建築途中の建物で制作発表することが決まった。事務局担当者への現地説明の様子。（右下）

1-5: 海のうえで待ち合わせって なんかステキ

吉田：ここから亜弥さんの方に。万里子さんから話を受けて、本島にまだ行ったこともなかったと思うんだけども、どういうプロセスで彼女と一緒にやることになって、亜弥さんの作品が生まれてきたのかっていうのをちょっと聞かせてもらえます？

平良：去年の８月に、万里子さんからお義父さんの土地のこととか除草剤のこと、家族の面白話も含めて話を聞きました。万里子さんが香川に嫁いでからこんなに詳しく話を聞くのも久しぶりだなと思いながら、８月に彼女が沖縄に来た時にそういう話をもらって。リサーチに行く前に一度プランを事務局の方に提出していて、そこからもう一度詰めて欲しいということがあって。締め切りに合わせて、９月に２泊３日ぐらい、リサーチって形で急遽行ってきた時の写真なんですけど。その時はお義父さんが船を出してくれて、港から普通に公式に行くのとは違うルートで本島に向かいました。

その時に、実は本島に行くまでの途中に、島にいるご親戚の窪田家のおじちゃんが、途中でイカだっけ…？何か渡すって言って、瀬戸大橋の下の方で船で待ち合わせしたんです。自分にとっては、その経験はすっごい面白いと思って。「海の上で待ち合わせってなんかステキ」って思って。イカついおじちゃんたちが海の幸をやりとりしているのとかも、それはそこの人にとってはすごく当たり前かもしれないんだけども、海の上でのやり取りがすごく気になったっていうか、印象的だったんですね。

その後に本島に行って、窪田のお家にちょっと上がらせてもらって、さっき顔出てたんですけど窪田のじいちゃんとも挨拶させてもらって。他人の家族の所に急にお邪魔させてもらってるんだけども、自分にとってはそれがまず大事で。西岡家もそうなんだけど、本島にいる窪田の家族と、とにかくできるだけ顔を合わせるみたいなのが、最初のリサーチでは一番の目的でした。

たまたま窪田家に行った時に、手紙を見せてもらったんです。これが、あの辺の海の仕事、海に関わる仕事をしている人の間ではずっと続いている風習で「樽流し」っていうものがあって。安全祈願のために、お神酒、米とか色んなものを樽の中に入れて海に流して、金比羅山に「代参」してもらうっていうのがあって。流れてきた樽を、窪田のおじちゃんがその年拾ったんですよね。その拾った人にもご加護があるというか、良いことが起こるっていうような風習らしいんです。リサーチの時に、おじちゃんが拾った樽の中に入っていた手紙を見せてくれて。

その時に、そういうことが行われているっていうことを初めて知ったし、なんかこの海でのやり取り、おじちゃん達がやっていた食べ物をやり取りしているのも含めて、何て言うんですかね…自然界と人間がやりとりしているのを身近に見れたというか。それと万里子さんが嫁いで、沖縄じゃない所で家族とやり取りしている感じが、私にとっては凄く近いというか。

それが３日間の中でとっても印象的なことで、このことをどうにか作品にできないかな、というのもあったんですね。自分自身が学生のときから家族をテーマに作品つくったり、卒業した後も、何か展示をしていくっていうことは…。

吉田：vol.1 のときにそこを結構話してくれたよね。

平良：そうですね。今回はそこは深くお話はできないんですけど、作品制作を続けるってことは、私の中では、家族に発信しているっていうことがすごく大きな部分が根底にあるので。大学での時間を一緒に過ごした万里子さんが、嫁いだ先で家族の土地を使って何かやる、一緒に何かやろうって言ってくれたことが、自分のやっていることにとても繋がっているというか、意味のあることだと思って、

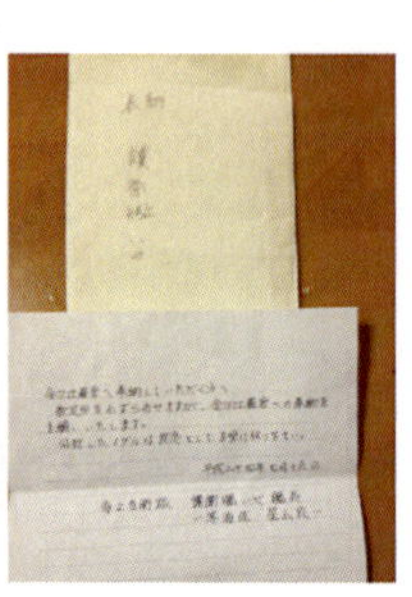

すごく興味があった。やってみたい、トライしてみたいと思って受けたっていうのがあります。リサーチの時はそういうことが一番強く印象に残ったので、そこから…。

1-6: シロツメクサの芽が生えるように…

吉田：なるほどリサーチから戻ってきていろいろと試行錯誤が始まるわけね。

平良：そうですね、はい。これは塩を置いてプロジェクションしているもので、布に投影しているんですけど。塩なんだけど島に見えたり、色んなものに見えるというか。あまり一つのものに固定されないような見え方のする何かができないかなっていうので、最初、塩を使ったり淡い布を使って投影するような方法で展示ができないかなって思ったんです。ドローイングしたものを下から光を当てて、カッティングしたシートと重ねて下から当てたりとか。それがまた、どこかに映ることで影が何かに見えないかなとか。割と光を使った方法で模索していた時期ですね。

これは細い隙間から光が漏れてそこに手を当てるとリングをはめてるように見えるなと思って、その海の上で交わされているやり取りとか「代参」のこととか結婚のこととか、一つの"契り"っていうテーマで作品化したいなっていうのがあったので、この時は人間のはめるリングみたいなのを意識してずっとやってたところがあります。それが沖縄に戻ってからやってたこと。今年の５月に香川に行った時には実際にスライドプロジェクターを持って行って、屋根はあるんですけど、外からの光が入ってくる半屋外のスペースなのでその光の状態でスライドを投影した時にどういう光具合かなとか。この時は割と晴れていたので、強い光のなかでスライドがどれぐらい映るのかなっていうのを、光の強さとかを見るために試しに当てているところです。

この時、たぶん１週間か１０日ぐらい行ったんですけど、基本なんかぶらぶらしているっていうか、屋釜とは距離的に離れて行ったり来たりしている立場なので、最初に行った雑草だらけのところから、何もなくなってるっていうのが、もうすごい衝撃で、そこに慣れるのに時間がかかりました。シロツメクサを移植する作業をしながらも「これ今からどうなるんだろう、今度はほんとに生えるのか」とか。そういうのも含めて歩き回ったり、万里子さんとしゃべったり、光当てたり、そんな分からない、まだ掴めないなっていう中でだいたい１０日とかいつも過ぎていく感じでした…。

吉田：この時点では、まだその場所を自分なりにちゃんと受け入れきれてないというか、納得がまだできてなかった時なわけね。

平良：はい、ただ実はそういう風に流暢にやっているように見えるんですけど、すでに事務局にはプランを、さっき見せたような形で書類は出していて、予算もまあこの金額でって確定している状態なんですよね。５月の時点では確定していて、その出したプランに向かっていくっていうのがおそらく普通なんですけど、その提出したプランは私にとってはリサーチに一回行って出したものなんで。実際もう一度現場に行って、じゃああの形でやるとなると、ズレが生じるっていうか、なんかおかしいぞと、これで本当にいいのかっていうのがどうしても出てきて。行ったり来たりっていうか。ほんとに良いのかな、じゃあどの形がベストなのかなっていうのを探さなくっちゃいけなくて。それに本当に時間がかかっている。

吉田：さっきどっか他の会場の作品が映っていたけども。

平良：ああ、そうですね。沖縄に戻ってきた時に、これ７月なんですけど、糸満のキャンプタルガニーっていう私設の美術館があって、そこでグループ展をするのが前から決まっていて、そこの作品を

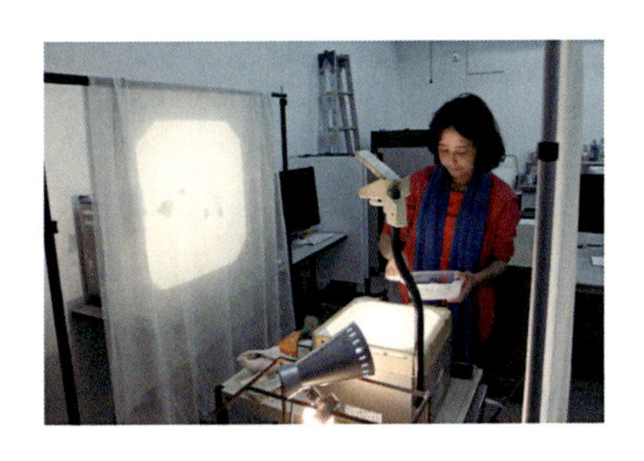

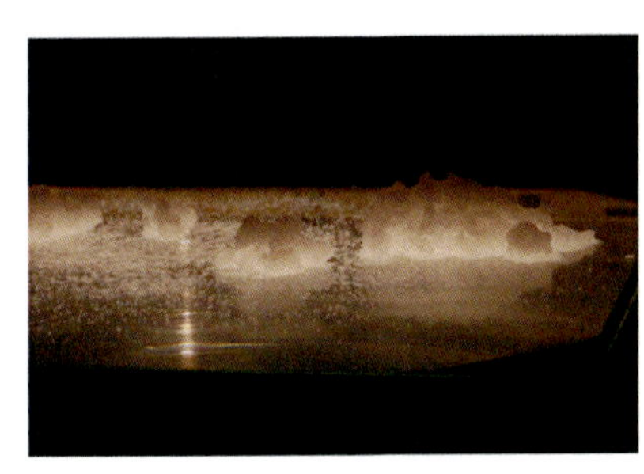

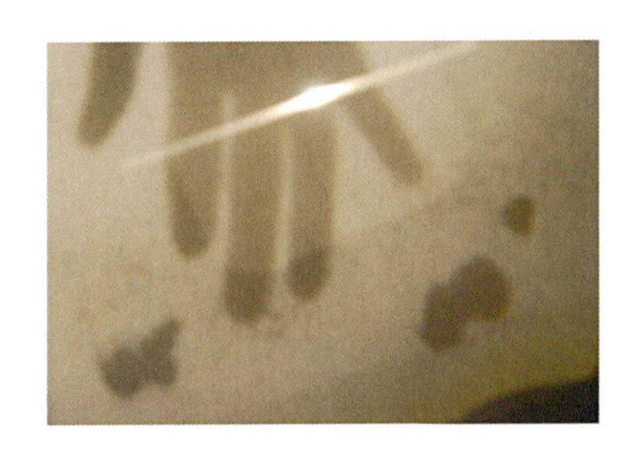

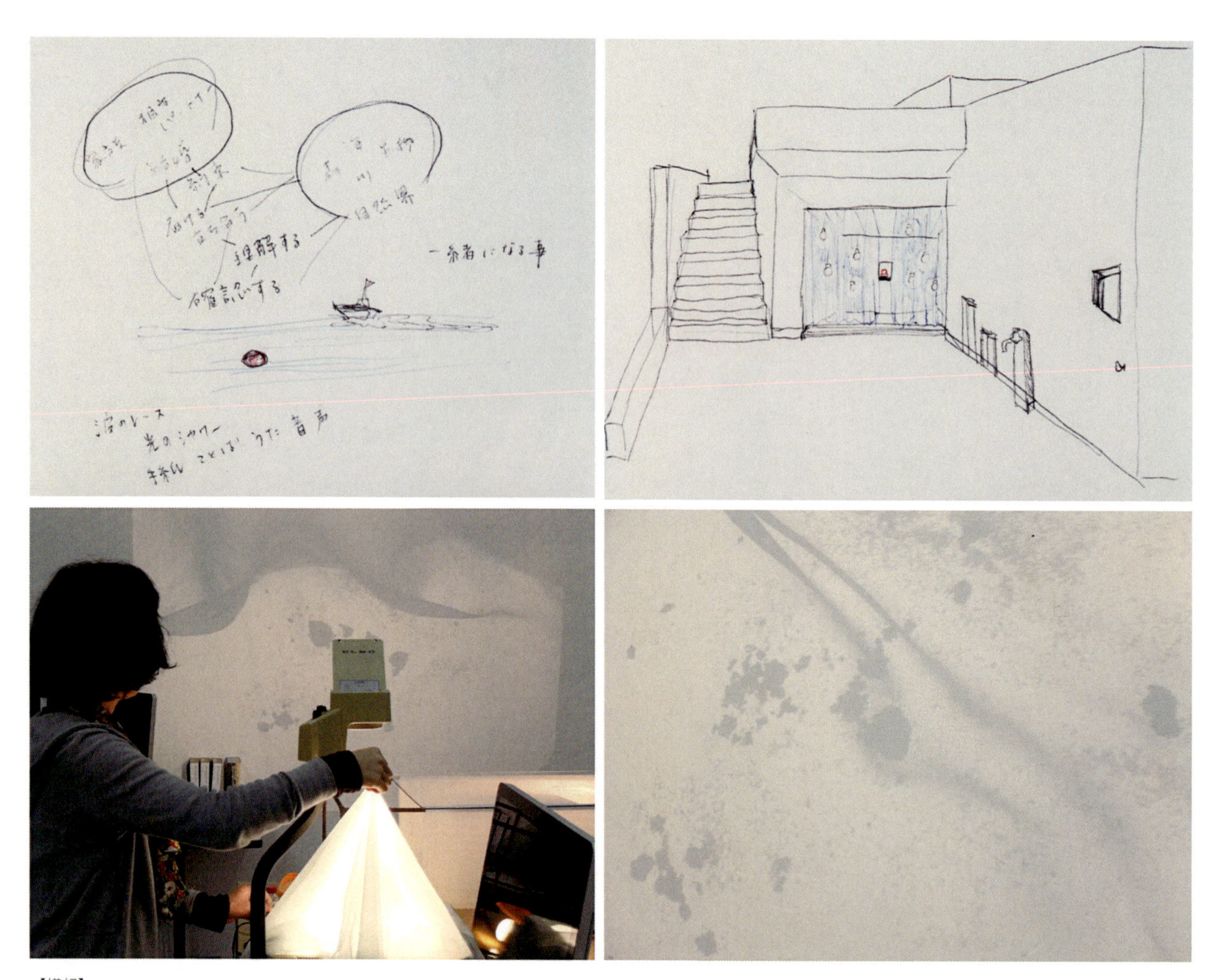

【構想】

2012 年 9 月頃。海の上でのやり取りから契りをテーマにした作品が作れないか考えているときに描いたメモ。（左上）

2012 年 1 0 月頃の展示アイディア。（右上）

2012 年 1 1 月頃。塩、影、布を使用した試作の様子。（左下）

2012 年 1 1 月頃。布とカッティングした紙を使用した試作の様子。（右下）

ずっとどうしようみたいなところを、まあ色んなことを同時に、作品作ったり、仕事もしながら、という中で、ここでも何をしようかなっていうのがあって。最終的にここでやったのは、グループ展が始まる前の梅雨時期に、沖縄もそうだったけど本島のある香川も空梅雨で雨が降らなくて、万里子さんの方からいつも連絡が来るのは、シロツメクサが生えない…。

吉田：そういう話を常に聞いていたのね。

平良：そう、私は植物に対する知識は本当に素人レベルなので、じゃあどうしようっていうところでさっきもちょっと出てきましたけど、先輩にいる畑やっている人とか知り合いの元「EM」（有用微生物群、通称EM菌）の研究者だった人とか、そういう沖縄からサポート出来る知識としてとか、情報として色々やり取り出来るような人と話したり。で、自分自身がなんか出来ることないのかな、あの場所に向かってできることみたいなのをこの展示で、ここで何かやらないと落ち着かなかったっていうか。

吉田：本島のことを考えながらね。

平良：７月にやってたのは、こう長い赤い壁のある廊下が凄く印象的な美術館でその壁が私にとって土に見えたんですよね。そこに植物を生やしたいと思って、パラフィン紙っていう薄い紙をちぎってこよりにして。先っぽはちょっと残して葉っぱのような形にしているんですけど、私の中ではこれはシロツメクサで、ちゃんと本島にシロツメクサの芽が生えるように…。

吉田：万里子さんと一緒に植えているような気持ちで。

平良：あっち（本島）では植えられないけど、こっち（沖縄）では植えて生えてるから、あっちも生えるだろう。最終的にはそれを花輪にしてかぶることだってできるぐらい、いっぱい花が咲くんだから！そういう気持ちで、壁にある今まで行われてきた展覧会で打たれた釘の跡というか、穴を空けて埋められたところに点在させたり、床に生やしたりっていうのがこれですね。で、その後８月にまた香川に行って、７月に沖縄でやった展示のパラフィン紙で作ったシロツメクサだったり鏡だったり、何か繋がっているイメージのある素材、ずっと気になる素材を持ち込んで貼ったり、置いたりして展示のイメージを固めていきました。

吉田：この時点で少しずつこの場所にも慣れてきて、まだまだ？

平良：この時はちょっと後ろ側に緑（シロツメクサ）が見えるから、割と私の所はきれいに生えてて感動したのを覚えてるんですけど、２階のほうは上手く生えていなかった時期ですね。シロツメクサが生えているから、朝は水をやったりうろうろしたりしながら、自分の担当のスペースの中の方のイメージを固めていくんですけど。この時も実はまだ迷っていて、最初のプランでは、薄い青っぽい布で壁が覆われているイメージで、指輪と刺繍のようなもので構成された空間を提出しているんですね。

ただ何度か通っていくうちに外の方の壁、こういう感じでガレージがあるんですが、外に大きな壁があるんですね。雨風にさらされてすごい色んな模様ができていて、すごく面白い壁なんですよ。大きいし存在感がばっちりある壁で。ただ、この壁を使うっていうのは、プラン提出の時点では提案していなくて。ただやっぱりどうしても気になる存在で、それをどう扱うかみたいなのが決められずにいたので、プランに載せることはしていませんでした。

ただ、中のメインになる空間と合わせて壁の方もどういう風なことができるかなっていうのを同時に考えながら進めていて。８月は壁に少し試しで、石のチョークみたいなものがあって、それで壁のシミとか模様にひび割れに沿ってちょっと色を付けていきました。白っぽいのが石のチョークで描いた部分ですね。なんかその壁のシ

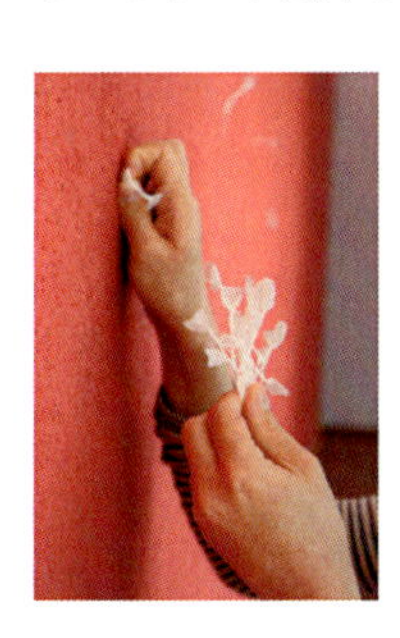

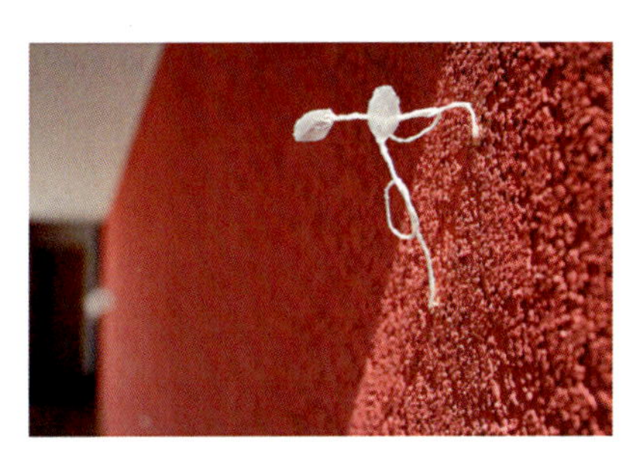

ミとかひび割れに目がいくような方法はないかなってやってるところですね。最終的に使った素材がグリューガン。上の方にムニュッとなってるやつがグリューガンで試したものです。これは万里子さんに説明している写真です。ひび割れとかシミに沿ってグリューガンをのせてって、光の当たり方によって壁に絵が描かれてるのがばーっと見えるというものです。

吉田：これが分かりやすい、これ色がついている。

平良：そうですね、グリューガンにも実は色があって、ここでは透明のものを使っているんですけれども、メーカーによって青っぽい透明のものだったり、色の混じりが少ない透明のものだったり、白い透明のものだったりっていうのがあって。

この時は透明のものと青っぽいものを分けて使ったんですが、最終的には、期間中太陽の光にあてられて青い色は抜けてって、透明のものも黄色っぽい感じに両方ともなっていったんですけれども。そこはちょっと予想してなかったけど、でも上から見ると黄緑に見えて、そんなに悪くなかった。

吉田：光の加減でだいぶ見え方が違うのかな。

平良：はい、そうですね。これは雨が降った日。学生さんが来た時に手伝ってもらいながら、一気に1週間ぐらいで壁の絵を仕上げていったところです。

1-7: 存在してるものがちゃんといるっていうことを意識する

吉田：壁の方はどんどん形が生まれているけども中の方は？

平良：中の方は、えーっとそうですね、まだ全然…全然ではないんですけど。布で覆われている空間っていうのをイメージしていたんですが、壁にすごく密着して制作を進めていく中で、すごく大事にしたいなって思ってきたことが出てきて。ガレージの中は雨風にさらされる時間が圧倒的に少ないので、すごく綺麗なコンクリートの壁を保っているんですよ。

それは、２階も含めて建てられた時の状態に近いのは唯一ガレージの中の壁だけだったので、それを布で隠して見えなくしてしまうのがすごくもったいないなと思って。対比で見せれるような形にしたいって思った時に、最初のプランから大きく外れるんですよね、見た目がもう。ただ、出したプランに向かってやって、果たしてそれがいいのかっていうのは、この時には違うなって思ったから、「もういいやっ」と思って外して。

真ん中にこう、ブロックを積んで展示台みたいなもので試作している写真があるんですけど。刺繍とリングをモチーフにした作品が真ん中にポンとある。で、奥の方に抜けるような仕掛けとして鏡があるっていう形がしっくりきたんですよね、やっていく中で。下に石を敷き詰めて、何かこうバランスを取るっていう形が、この時期ぐらいにやっと見えてきて。ただまだいくつか解決出来てない、進んでいない部分もあって、刺繍とリングの形がまだふわふわしてる、この時点でも。

沖縄に戻ってきた時に、いろんなところでドローイング描いたりしてるものがあるんですけど、これ本当に一部で。(p.38)なんか本島の空気もそうなんですけど、やっぱ人…。『ここにいるために』っていうタイトルが示すように、人がどこにいても、何て言うのかな

…人だけじゃなくても、存在してるものがちゃんといるっていうことを意識するっていうか。自分がここに立っている時には、ここに立っているもの、立っているこの地面、足をつけている部分だったりとか、自分のこの皮膚の周りの空気もそうだし、流れてくる風とか雨が降ってきたとか、雨のにおいがするとか、その全部が存在しているって思っていて。それを感じたいというか、そういうものを感じることが何か土地と本当に関わるっていうか。
人間関係もそうなんですけど、誰かがいる、この人がいて、合う合わない関係なくこの人はもういる、と。そういうのをすごく作りたい、形にして自分の中に流し込みたいっていうのがあって。それがどういう形なのか分からないんですよね。気になるものを、風のヒューって動きとか渦巻く感じとか台風みたいなものとか。あと、指紋もすごく気になって…。そういう全然関係ないじゃないかっていう、何で気になってるかも分かんないんですけど、それを全部ひっくるめたものを刺繍に起こしたい、ていうのをずっと言ってるんですけども。万里子さんにも「図案をいつまでにあげるね」って言っても全然決まらないんですよ。
まあ、最後はすごくシンプルに、線で描いたドローイングに近いような形のものを刺繍に起こして、銀色の糸で縫っていったものなんですけど。すごく薄い布に、銀色の糸で刺繍しているものですね。少し進めた刺繍をまた9月に持ってきた時に、刺繍されたものを光に当てると、その下の布に影が反映されてすごく面白いと思ったんで、それを活かすような展示っていうのも一時期考えたんですけれども。やっぱりそうするとライティングのことをすごく考えてしまって、ライティングに重きが置かれて、何かその、本島に流れる自然の光とかが薄れてしまうんじゃないかなと思って…。
吉田：自然の光を使いたかった？
平良：そっちの方がいいんだろうなって思って、結局影を活かすような展示っていうのはこの時にやめました。
そうするとなんかあまりにもシンプルで…。やっぱりキーになるのがリングなので、リングは結婚指輪をイメージしているんですけど、自分の中では朝陽だったり、夕方陽が海に沈むとき水平線に現れる光の線、ピーと広がる光のあの感じをイメージしてて、指のサイズのリングじゃなくても良いっていうのはあったんですよ。
刺繍枠のリングを職人さんにお願いして、1週間ぐらいのタイトなスケジュールで急遽を作ってもらいました。宜野湾の「宗像堂」っていうパン屋さんのすぐ裏の方にある金工作家・鷺谷トモユキさんの工房で。ただ彼が多忙で、この時期自分では作れないので、この方のお師匠さんが東京の方にいるので話をして急遽作ってもらいました。そのお師匠さん、何も言わないんだけど、布にはめて、自分で実際見て、それから展示したほうがいいだろうからって、約束より何日か前に送ってきてくれたんですよね。そのお陰で、はめてみて穴を空けたりする作業がスムーズにいって。
これが実際に作ってもらったもので、真鍮で作ってもらいました。二つの、大きなものとそれよりも少し小さなリングが、こうカチッとはまるような仕掛けなんですけど、そこに3点小さな穴を空けて、ボールチェーンをそこに入れると、特に留め金とかなくても斜めにチェーンが入るところで止まるんですよね。それがほんとにシンプルにすごく綺麗にうまくいって。
これは刺繍をはめていない状態です。その周りに同じボールチェーンを、雨のように上から吊るしていくような展示を最終的にはしました。
これは実際に展示を始めてるところ。上に吊るすために引っ掛けるヒートンも、すごくちっちゃなものなので、香川の方で足りなく

【刺繍のための drawing】
風や雲の動き、水の流れや草の揺らぎなど、自然界の様々な動きをイメージしている。（左上）
上に昇ったり、渦巻いたりするモノの動きをイメージしている。（右上）
色々な動きが渦を巻いては拡散され、また取り込まれていくようなイメージ。（左下）
最終的に刺繍の模様で使用した drawing。渦の空洞は大きな蠢きの中に存在するモノを意識している。（右下）

なって買い出しに行ったら無くて、金色はあるんですけどシルバーはないんですよ。なので、手伝いに来てくれた知人のアーティスト、中村絵美さんって方なんですけど、この方が本当に…。

吉田：亜弥さんも色々と助けてもらっている。

平良：色々できる人で、急遽ヒートンを作ってもらいました。ピアスの、耳に引っ掛ける部品がありますよね。天井のヒートンにこのピアスの部品でこうカッと引っ掛けて、長いチェーンが下がっているっていう構造で。

この時期にはもう、シロツメクサもすごく綺麗に生えていて、道もすごくくっきり見えるような状態にまでなっていました。

西岡：自然にできていて…。

平良：これも、本当に手を入れてこうなったのではなく、私たちが行ったり来たりして、階段を上がるための通路なので…。

吉田：何度も行き来しているうちにできてきたわけね。

平良：本当にこれは自然の状態なんですよ。

最後、石で道を作ってるんですけども、土の部分を歩くような感じで、石の部分は入れないようにしています。これも石なので運ぶの大変だから「手伝いますか？」と何度も言われたんですけど、この作業だけは自分でやらないといけないことで「いいです、いいですから。一人でさせて下さい」と…。

吉田：作り手としては儀式のような…。

平良：そうそう、「最後の完結は私がやらなけらばいけないのです」みたいな状態です、これ。このおばあちゃんは誰だかわからないんだけど。

西岡：島のおばあちゃん。

平良：そうだった？見られてるのも気づいてなかった。それで、最後の仕上げなんですけど、壁の方のこっちが道路、こっちがガレージ。ここにちっちゃな四角い凹みがあって、そこには多分何か置くべきだなって…。

西岡：ポスト。

平良：ポストを設置する予定の凹んだ四角い部分があって、そこには何か置こうって思ってました。最後まで本当に何も決めてなくって。実は万里子さんもずっと気になってたらしいんですけど、向かい側の黄色い家の土地に埋まってたスプーンがあったんですよね。それがすごく気になっていたら、搬入の最後の最後の日に黄色い家の方に行ってみると、それが掘り起こされてポンと置かれてたんですよ。

土からスプーン…。人が生きるために食べる、そのために使うものが土から生まれた、というのがすごく面白いなと思って。土の上に出てきているから、「使っていいんだよ」と言ってくれてると思って持っていって。万里子さんが、西岡家、窪田の家族が、ずーと苦戦してやっと生えた、元々はなかったけれど、後からきたシロツメクサと、ずっといたスプーンとを結婚させて（勝手なんですが）、私の展示は終わりました。それが、最後に設置したものですね。

吉田：二人とも、このスプーンが埋もれていたのは気になっていたの？

西岡：気になって、なんか土に銀色のものがキランッて光ってて、でも別に誰もどうするわけでもなく。そしたらある日、亜弥さんが使ってたからびっくりして、「掘ったの？」みたいな…。

平良：ううん、出てた、みたいな…「使っていい」って。あ、それと、もうひとつだけ補足で。壁の模様は、基本的には壁のシミとかひび割れに沿ってグリューガンをのせてるんですよね。刺繍の模様も、最後の方は壁の模様とか、いろんな自然の動きとかに見えるのを選んで構成していて、それが一部反映されてるというか、重なる

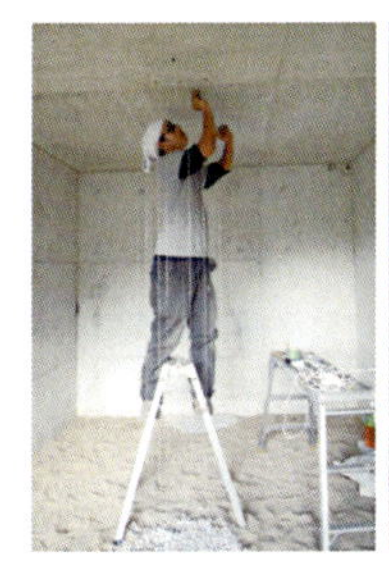

というか…柄になっています。今映っているデコボコしてるのがグリューガンでのせた部分ですね。(p.42)

吉田：なるほど、ありがとうございます。あのー、せっかく来てもらったから、いろいろ話してもらおうと思っていたので、だいぶ時間がオーバーして。これからいよいよ会期が始まるわけよね。

平良：一回飲みもの飲みませんか？

吉田：ちょっと休憩しようか

平良：あと肩回すと結構あったかくなるので。頑張りましょう、皆さん。

吉田：ここで一旦、１０分ほど休憩を入れたいと思います。この後ですね、いよいよ本島の秋会期の展覧会が始まって、またそこで色んなことが起こるんですけど。また、この二人が今後考えていることもね、この後話してもらいたいなと思っています。ちょっと休憩にしましょうか。

西岡：おやつが…。

平良：今日ですね、お茶もそうなんですけど、玉寄真季子さんが手作りのケーキ、お菓子を作ってきてくれているので、後半に向けて腹ごしらえして、暖まって休憩して下さい。

シロツメクサが綺麗に生え、歩く道の形は２階の西岡スペースの細胞のイメージと偶然にも呼応した。（左上）
長い間、雨風にさらされた壁にできた模様を元に、グリューガンで壁に描いた作品。時間帯や陽の当たり方によって印象が変わる。（左下）
刺繍の作品が宙に浮くように存在する。天井から吊るされたチェーンは、外からの光を受けてきらめき、風に揺れる。曇りや雨の日には天井から水が降り注いでいるようにも見える。（右）

風のうねりや水のうごめきなど、様々な自然界の動きをイメージした模様は、壁の模様から連想したもの。真鍮でできた刺繍枠は、大きなモノの中に存在する人と自然界との契りを象徴するリングのイメージ。
全体として、天気や時間帯、光の移ろい、風の動きなどによって印象が変わる展示構成となっている。刺繍のある位置から外を眺めると、壁に描かれた模様が一気に浮かび上がり、刺繍の模様と重なるようになっている。

第二部　これからの話

対談の後半では、『瀬戸内国際芸術祭 2013』の会期を迎え、本島でみられた島の変化や、二人のアートワークをめぐって芽生えた「西岡家芸術祭」に関わった人々との結びつき、また、来場者とのエピソードが語られた。シロツメクサが敷き詰められた現場に自然に生まれた「道」が、制作において生じた人の動きが投影されたものでもあり、そこに宿る美しさを愛おしく感じているという二人の言葉もたいへん印象的であった。そして、作品の表舞台には登場していないが、もう一人の重要な表現者であり、西岡万里子の夫でもある西岡裕宝氏の存在が、作品の大きな力として作用していることも打ち明けてくれた。

二人の制作に関わることができた学生たちの声からは、瀬戸内の現場で「土地と向き合う姿勢」や「場のちから」をそれぞれが感じ取り、個々のアート・マインドにじんわりと触発を受けたことがわかる。「ここにいるために to be here」というアートワークを通して蒔かれた種が、今後どのように芽吹くことになるのか。仕掛けられたアートイベントという器の外でも、その新たな萌芽がみられることを期待させてくれた。

限られた時間での対談であったものの、「海・シマ・場に関わるアート」を探求する我々の道行きについて、「西岡家芸術祭」の「はじまり」と「これから」の話に、多くのことを教えてもらったように感じる。

＜第２部＞

吉田：さっき二人の方から『瀬戸芸』での本島のそれぞれの作品について、プロセスを話してもらいました。ここからはですね、会期中の話とか、色んな人が色んな見方をして、島の人たちの反応もそれぞれやったと思うんねんけども、その辺の話を聞かせてもらいつつ、これからのことについて、この『瀬戸芸』を経て、二人が考えていること、そんな話をしてもらいたいなと思っています。

2-1: 困った時に、一緒になって悔しがってくれたのがお義父さん

西岡：はい。会期始まってからですね、基本的には市役所の方が２名付いてくださって受付をして、私が案内するっていう形だったんですけど。というのも、屋釜の場所は、さっき見ていただいて分かる通り、コミュニティバスが６本くらいしかないんですね。自転車の台数も限られてて、歩いて来られる方までいて。１時間くらいかかる場所なんですけど、山道登っては下って、やっと辿り着く場所なので、やっぱりちょっと喜んで帰ってもらいたいっていうのがあって。“おもてなし”じゃないですけど「この会場に苦労して来てよかったなぁ」みたいな気持ちで帰ってもらえたらいいなっていうのがあったので、結構付きっきりで朝から晩までいたんですね。来てくださった方々に、自分なりの解釈で亜弥さんの作品の説明をしたり。来る人来る人やっぱり色んな人がいらっしゃって。私の（ネコジャラシの）波の作品を観た時に、ほとんどの方が「源氏パイみたいだね」と。香川に「源氏パイ」みたいな「フランソワ」っていうお菓子があるんですよ。香川県民はみんな「あ、フランソワだ」って言うんですよね（笑）。で、「ああ、いいですよ、バウムクーヘンでもフランソワでも何でもいいですよ」って言ってたんですけど。

吉田：（笑）

西岡：最初は「これは実は波で、お菓子じゃないんです」みたいな話をしてたんですけど、よくよく考えてみれば、バウムクーヘンもそうなんですけど、樹の年輪を模したお菓子だったり、「フランソワ」がどういう経緯でできたお菓子かは知らないんですけど、自然物を模した形のお菓子なのかなとか思い始めて。指紋に見えるっていう人もいて。指紋とかバウムクーヘンとか樹の年輪とか星の軌道とか、そういうものって結局“渦”っていう形で集約されるのかなぁって思ったり。

なんか、その、鑑賞者の話から自分の作ったものを理解するっていう部分が出て来たり、色んな人たちの意見を聞いて、ある意味でやっぱり、鑑賞されて批評されてからいっちょまえの作品なんだろうなっていうのを感じながら聞いてましたね。びっくりしたのは、すごい大雨の日に、船も運休するかしないかの時に、６０～７０代くらいのおばちゃんが一人で来て、「大阪の方から来たんですー」って遠くからわざわざ来て、色んなアートのことについて、別にアート専門の方っていうわけじゃなかったんですけど、話を熱くされて。その日は来場者数は最低で、１０名しか来なかった日でした。いつも休日は３００～４００名くらい来るんですね。平日でも１００名前後。島の反対側なのに、１００～２００名来るんです。けど、そういうすごい条件悪い時に来られた方が、すごいディープな話をされて、鑑賞する視点について考えさせられたり。世代によってこういう風に違う見方で作品を観るんだなっていうのを考えさせられたりしましたね。

吉田：西岡家の人々は？

西岡：西岡家の人々は、うーん…なんか最初から最後までそんなに大きく変わったっていう感じはしなかったんですけれども。あーでも、やりながらちょっと変わってきてるかな。西岡のお義母さんは穂摘みをする時に、冬場寒い中、手袋して手伝ってくれたりとかしたんですよ。
お義父さんも手伝ってくれたんですけど、最初に言われて辛かったのが、「シロツメクサを植えたいんですけど」っていう風に許可を得ようと思って聞いた時に、「あぁ、植えていいよ。まぁ、(除草剤で) 枯らすけどな、終わったら。」って言われたんですよ (笑)。それが正直ほんとに辛くて、何かもう、結構私の中ではグサッて刺さってたんですけど。会期の終わりの頃になると、蛾の幼虫が発生しちゃったんですね。ヨウトウムシって言って、よく農作物につく蛾の幼虫が大量発生してすごい困った時に、一緒になって悔しがってくれたのがお義父さんだったんですよ。
吉田：ほう。
西岡：すごい悔しがって、「せっかく生えたのに、この虫め!」って感じで。虫を投げつけるように、こうやってるのを見て、「あれ、枯らすんじゃなかったの?」って。(会場:笑) (お義父さんの行動) は、私の中では印象的で嬉しかった、何かが少しだけ変わったのかな、と。その変化は、すごい大きな変化っていうのはなかったかもしれなかったけど、私の中では土地に対する思いが少しだけ変わったのかなっていうのがあって。「この後どうするの?」ってお客さんたちからいっぱい言われて、「3年後どうするの?」って言われて。「いや、お義父さんの許可をまず得てからじゃないと、先のことは私が決められない」って話したらお義父さんが、「お前、お客さんに『まずはお義父さんの許可を得ないと』って言ってたらしいな」って。
吉田：(笑)
西岡：「もちろん、ええんで」って。「やったらいいんじゃん」って感じで言ってくれて。『瀬戸芸』として3年後やるかどうかというのは正直今でも分からないですけど、その、せっかくこれだけ温めてきた場所なので、管理の方法とかもやっぱり変わってくるだろうなっていうのは確信していて。その延長でライフワークとして。希望なんですけど。今この場で言うと絶対やらなきゃいけないみたいになりそうでコワいです (笑)
吉田：ぜひ聞かせてください。
西岡：シロツメクサを植えたのは"約束"っていう花言葉があって。亜弥さんの最初のプランとか、タイトル決めるときに候補として"約束"っていうのがあったんですよ。自然と共存する中で人間が交わす約束、契りっていう。そういうのとかもあったので、"約束"っていう花言葉を持っているシロツメクサを植えたんですけど、何かそういうの抜きで好きなように庭を作ってみたいな、という、そういう夢はあって。
吉田：万里子さんのガーデン。
西岡：あの、"秘密の花園"的な (笑)。本島来たときに、「あれ、どれくらい成長したかなぁ」みたいな。そこまで手を入れ込まなくても、野草に近い植物でこう形づくりしていけないかなぁって。感じのいい空間を作れないかなぁっていうのは思っています。なんでかっていうと、今、実はあの、公の場で言うのも何なんですけど、妊娠してるんですね。子どもができて、世代交代して、例えば私の子どもを連れてこっち (屋釜) に来た時に、遊べる場所だったりとか、何か植えたりしたりしてちょっと食べるとかができるような。ちょっとした夢ですね。ポンカンとかちぎって食べれたらいいなぁって。そういうささやかな希望はあるんですけど。次、まぁどうなるかはちょっと分からないですけど、土地は大切にしていきた

秋会期（2013 年 10 月 5 日～ 11 月 4 日）が始まり、毎日大勢の鑑賞者が屋釜に訪れた。週末ともなると３００～４００名もの人が来場した。（上）
作品について来場者と話をする西岡。（左中）
作品について来場者と話をする平良。（右中）
各会場には芸術祭の旗が設置されている。（左下）
本島の人たちによる「お見送り隊」が帰りの船を見送る。（右下）

いなっては思っています。

2-2: 島の人たちも何か雰囲気変わってきて

吉田：色んな人が観に来てくれはったと思うねんけど、島の人たちも会期中も会期前から関わりが徐々に変化していったりとかっていうのがあったと思うんやけど。

西岡：ありましたね。毎日のように船に乗ったので、まず船のおじさんと顔パス状態になって仲良しになったり。もちろん島のおじぃちゃんおばぁちゃん含む親戚の人が、何て言うのかな、会期始まる前はアートの話をしても「や、アートはちょっとわからないから自分。」みたいに最初からお断り、話聞く時間ないみたいな雰囲気を醸し出してたんですけど、会期が始まってこれだけたくさんのお客さんが毎日満員の船で来たことに対して、やっぱり島の人たちも何か雰囲気が変わってきて、真剣に聞いてくれる姿勢になってきたんですね。

それが、理由がどうあれ嬉しくて、外部から注目されるってことで島の人たちの気持ちがちょっと変化することに繋がる、シャキッとして、「何やってるのかな」って本気で聞いてきてくれたりとか。島民のおばちゃんたちは結構最初から気にしてくれてたんですけど、おじちゃん達はあんまり来てくれる機会はなくて。

吉田：最初は。

西岡：そうそう。でも、後半になったら、近くのお寺の和尚さんがお菓子とバナナやジュースを持ってきてくれたり、色んな方が足運んで「どうねぇ？」って見に来てくれて。なんか、島の人たちがワサワサし出したんですね、会期数日前に。それはまぁ、大きなイベントなので、島の人たちも、特にうちの本島に暮らす窪田家のばあちゃんはすごい喜んでましたね。おじいちゃんの体調が悪くて、病院行ったり来たりだったので、ちょっと息抜きというか、明るいニュースとか聞けて嬉しかったんだと思う。

吉田：なるほど。

西岡：毎日島の人たちが来てくれた人たちをお見送りするっていうのがあって。最初のきっかけは、インドの人たちと作品を制作していたアーティスト（岩田草平さん）がいて、インドの人たちを最後、自分たちの太鼓や笛でお見送りしようっていうのから始まったらしくて。それがすごいウケて、facebook とかですごい話題になって、「よかった、よかった」って好評だったので、自主的に“お見送り隊”ができたんですよ、島の人たちの方から。

吉田：へぇ。

西岡：それは、他の島にはなくて。ほんとに本島が、こう。まぁ、本島全体がではないんですが、島民の自主的な行為として、ある一部の方々が、来てくれた方に向けてお礼っていう形で返した。ひとつのアートイベントの一部みたいになってて、びっくりしたし嬉しかったですね。

吉田：会期中はかなり島の様子が変わりましたか？

西岡：変わりましたねぇ、肌で感じました、その変化を。

2-3: ほんとに自然にできた道なんですよ

吉田：じゃあ、亜弥さんの方はどうですか？

平良：えーと、何から話せばいいかな…。シロツメクサの方にできている道のことでひとつ伝え忘れているなぁと思うことがあって。琉大の学生さんが手伝いに来てくれた時に、これ、今、資材に青いブルーシートがかけられているのが、万里子さんの２階の屋根の作品に使われる資材が雨に濡れないように置かれている状態なんですね。これが学生さんたちが来る前の状態。緑で覆われているスロープの部分なんですけど、その次の画面にいくと、道ができてますよね、右側のスロープの部分の方なんですけど。もう一回前の写真に戻ってもらったら分かると思うんですけど、ちょうど資材が置かれていたところの横の方に茶色い鉄板が側溝の上に敷かれていて、そこから私たちは２階に行ったり来たりしてたんですよ。それが１週間くらいで道になっていて。その隣の私のスペースに続く道もやっぱり行ったり来たりして、ほんとに自然にできた道なんですよ。

２階のお庭の部分は、割と意図的に作った道ではあるんですけど、その時は万里子さんと彼女の旦那さんの裕宝さんと話しながら道を作りました。なんて言うのかな…まず、とっても綺麗だなと思うんですよ、このスロープにできた道のカーブが。私の方のスペースにできた道も綺麗だなぁって思っていて。人間が動く、行動でできた道が綺麗っていうのが、すごく自分にとっては、何か嬉しかったというか。

これも、庭に作った道も万里子さんと二人で歩いたりしながら作っていて。もちろん水はけが悪くてどうしても生えにくいところを中心に道を作っているんですけど。「下からこう上がって来た時に、ここらへん歩くんじゃない？」とかって言いながら道を広げたりして。そういう会話があったんですよね。だから、人間が動く中でできた道を会話の中で意識しているというか、そこでできてるものが万里子さんの細胞の作品の形と繋がってることとか、まぁ、偶然なのかもしれないけど。自分たちが無意識でそういう風に作ってる部分がとってもよかったと思っているし、自分の中ですごく嬉しいことです。

それが最終的に残る唯一のものだと思うんですよね。私のスペースに展示されていた刺繍の作品はもう搬出されていて無いし、壁の部分の作品は一応残しているんですけど、あれも日が経てば落ちていく。万里子さんのスペースの中のネコジャラシで作ったオブジェも、もう今は撤去されて無くて、残るのはやっぱり土に生えた植物たちで。それがまた、人が通わなくなっていくと違う植物が生えたり道が無くなったりするっていうこととかが、すごくこの場所で関わったことでとっても大事なことだなぁって、改めて写真を見て思う。現場に行った時にすっごく愛おしくなるのは、この道の部分だったんですよね。というのをちょっと伝えたかったです。

シロツメクサがうまく生えなかったときに、旦那さんの裕宝さんが「道作ったらいいんじゃない？」って言ってたのを、私たちは結構スルーしてて（笑）

西岡：うん。

平良：でも、やっぱり最後は道を作ったら、なんかすごくすっきりしたんですよ。二人で「すっきりしたね」って。「裕宝の言うこと、最初っから聞いておけばよかった」とかって（笑）

吉田：旦那さんの言うことをちゃんとね。

2-4: 通えなかった 15 年間を取り戻したい

平良：そう。だから、名前は二人で出てるんですけど、ほんとにコンセプトの部分からずっと関わってるのは裕宝さんと万里子さんで、私は途中から関わってきている。万里子さんが彼女のスペースの中でどこまで細胞の部分を広げるかとか、色々迷ってたこともたくさんあって、外壁の部分までそれを広げるかとか。そういう話し合いの中で裕宝さんは、この場所に流れてる時間というのを含めて、本島に通えなかった１５年間を取り戻したいっていうのをすごく大事にしてたんですよね。

というのは、裕宝さんは仕事の都合で今回こっち（沖縄）に来れないのと、現場でも忙しくて直接なかなかゆっくりしゃべれなかったこともあったから、急遽、昨日の夜、「何でもいいから一言でもいいから報告会でしゃべっていいっていうことをメールください」ってお願いしたら、とつとつと、ぽつぽつと送ってくれて。「１５年間の時間を取り戻すってことをとても大事にしていた」って。

こういう風に芸術祭が行われて、作品が生まれたことで、作ることで、万里子さんもそうだし、西岡の家族とか親戚が、この場所に集まる機会がすごくあった一年間で。「時間を取り戻せた」と本人が言っていて、なんか、それがよかったなぁって、いいなぁって。自分は親戚、家族ではない、んー、いわゆる部外者という立場ではあるのですが、今後、あの土地や西岡の家族を含めて、万里子さんたちがどういう風に動いていくのかなぁっていうのも含めて、乗りかかった船ではないですけど、ずっと見ていきたいというか。

吉田：これからどうするんですか？

平良：そうですね、田植えを毎年したり、稲刈りしてるっていうのをお義父さんから聞いていたので、その時期には、年に２回くらいは西岡家に会いに行きたいなぁって。その時に本島を訪れることが

できたらいいなって。自分の中での本島との関わりを繋げ続けていきたいとは思ってます。
あと、ひとつ。昨日打ち合わせで万里子さんが言ってたことで、最後、お義父さんに、作品が完成した時に観に来てもらえてない、観れてないんじゃないかなっていうのをポソって言ってたから気になって、裕宝さんとのやり取りの中で「どうなのかなぁ」って聞いてみたんですね。そうしたら、「やっぱり、この本島をすごく愛しているのはお父さんで、その愛情っていうのがすごく大きくて。何も言わないけど、こうやってとにかく人が集まったりとか、ここに流れていく時間とか、人の動きとかが帰って来てるというか、戻って来てるのを喜んでるのは、一番はお父さんだと思う。」っていう風に返事をくれたんですよね。それは実際お義父さんが言ってくれたわけじゃないけど、それを裕宝さんから聞けたのがよかったなぁっていうのと、まぁ、今後、そういう話をお義父さんともゆっくりやりたいなぁって、自分の中では思ってますね。本島とこの作品の関わりがどう続くのかというところでは。
あとひとつ。裕宝さんが会期中一番印象に残っている来場者で、開場時間が終わるギリギリに来た親子、万里子さんも言ってた気がするんだけど、この子たちのことが気になったって言っていて。とっても純粋に説明も聞いてくれて、色んなところを観て、「お姉ちゃんはポツポツと自分の感想を独り言のように喋ってたし、弟は将来建築士になりたいって喋ってたよ」っていう話をしてて。色んな親子は来たはずなんだけど、なんでこの子たちのことが気になるのかなと。このお母さんは「小っちゃい内に色んな作品とか表現してるものを、この子たちの目に触れさせたいって思って色んなものを観てる」っていうような話をしてくれたみたいで。裕宝さんは作品を作って発表するっていうことは今までやったことがなくて、でも、万里子さんもよく言っているけど、とってもこだわる部分とか視点が面白いなぁって思って。
何で子どもたちなのかっていう時に、物心つく頃の子どもたち、色んなことを考え始める年頃の子どもたちが、作品に触れる機会ってとっても重要だなっていうのを、この時にすごく感じたみたいなんですね。子どもたちが大きくなった時に、この作品に触れたことが、もしかしたら影響するかもしれないっていうのを感じたらしくて。それだけ大きな影響を与えるかもしれない。自分が与えるかは分からない、でも与える“かもしれない”っていう中で、舞台の規模が大きかろうが小さかろうが、作品を発表するアーティストの責任みたいなのをすごく感じたって言ってくれたんですね。
それを聞いた時に、自分もそうだなって思って。彼の中では「芸術祭というのが、子どもたちのためにあるっていうことがすごく大事なような気がする」っていうことを伝えてくれて。まぁ、子どもたちのためだけじゃなくて、どの世代にも開かれていていいとは自分自身は思ってるんですけど。子どもっていうのが、彼の中ではすごく大きく響いた場面だったのかなっていう風に思っています。裕宝さんと万里子さんの子どもができて、これから自分たちの子どもと、どういう風に美術とか表現するということとか、土地と関わることとかっていうのを、二人が今後どう捉えて動いていくのかなぁって思っています。
自分自身は結婚はしてないんですけど、家族はいるし。ずっと学生の時から考えている家族のこととかを作品を通してどうやってやっていくのか、みたいなのをやっぱりこの一年間、万里子さんたちの家族を通して、次は自分に返していかないといけないので。それを、どういう風に動いていくかみたいなのを、改めて心の準備をする時間として今回の『瀬戸芸』という機会は「もう一歩進みなさい」っ

て、自分自身の中で結構大事だったので、いろいろ考えました。裕宝さんの言葉も含めて。

2-5:『西岡家芸術祭』はまだまだ続きそうなんですね

西岡：もうひとつ「いっぷく堂」について。私たちがやっているスペースの向かいの黄色い家の敷地内で、義理のお姉ちゃんが、昔から「カフェやってみたいなぁ」みたいなことをボソボソ言ってて。私が「屋釜は食べ物屋も販売機もないからやれたらいいのにねぇ」って言いながら、私は自分の作品でいっぱいいっぱいで「何もできないなぁ、どうしようかなぁ」って思ってたんですけど。お義姉ちゃんが自主的に動いてくれて。お義母さんとお義姉ちゃんが中心になって「いっぷく堂」って言って、看板も子どもたちが描いて。コーヒー１００円で、アイスクリーム２つ入って１５０円くらいで食べれる休憩所を作ってくれて。これがカフェの形の第一歩だと思うんですけど。すごいざっくばらんな簡易的に作ったスペースではあるんですけど、自主的に家族が動いてくれたことが何より嬉しくて。しかも私が望んでいたことをやってくれて。それがすごい今この場で言わないといけないことだと思いました。
そうそうそう、これも変化のひとつ。お義父さんがシロツメクサに対する思いが変わってきたのとか、こういうのとか、本島のばぁちゃんとか、めっちゃ大きいかは分からないけど、私の中ではちょっと嬉しい。冒頭で言ってた我富くんも彼女と来てくれたんですよ。南砂ちゃんも来てくれて。

吉田：あのヤンチャな二人が。

西岡：ヤンチャな暴れん坊の二人がですね、来てくれて、ばぁちゃんにも会って。それが見れただけでも私の中では収穫だった部分があって、家族内のことで。一過性のものじゃないので、今後も繋げていけたらいいなぁって思いながら。

吉田：はい。えー、『瀬戸芸』はね、2013年の会期はもう終わったけども、『西岡家芸術祭』はまだまだ続きそうなんですね。

西岡：そうですね。芸術祭のどの作品にもない形なんですね、自分の親族の土地を使って展示をするっていうのは。担当の方に確認したんですけど、やっぱりこれは初めてだったみたいで。結構特殊な、稀な形だったと思うんです。土地ありきで作品を作っていくっていうのが本来の形だと思うので、割と『瀬戸芸』のスタイルとしては特殊だと思うんです。

吉田：ちょっと違うよね、『瀬戸芸』の中でも。

西岡：『瀬戸芸』で普通は作品を応募してこういうのやりたいですって言って、事務局が割り振って、こんな土地どうですかってやるんですけど。

吉田：自分とこの土地やからな。

西岡：自分のところの土地だから、許可を得るとかも色んな意味で全部全然違うし、他の人たちとは。今後どう繋げていくとかも、あっちは役所を通して誰が管理するとか解決しないといけないことがあるんですけど、こっちは家族の土地なので、たぶん家族中心に回るのかもしれない。

2-6:「こういうことなのか」って、土地と向き合うってことは

吉田：はい、ありがとうございます。ちょっとここで、せっかくぎょうさん来ていただいてるんで、フロアの方から、質問なり感想がありましたらぜひお聞きしたいなと思ってるんですけど。

石垣克子（画家）：今お話を聞いて、作品のことなど分かったんですけど、琉大の学生さんたちが手伝いに行ってて、写真に写ってて、ここにも学生さんたちいらっしゃるじゃないですか。学生さんに参加してどうだったか、感想を聞いてみたいです。お願いします。

吉田：じゃあ、サポートで行ってくれた子で来てるのは、あかりと菜都美。ちょっと聞きたいって、話があったので。

上原あかり（琉球大学学生／以下、上原）：『瀬戸芸』の手伝いに行った学生の一人の上原あかりと申します。事前の打合せで、亜弥さんからどういう作業をするのかというのを聞いた時は、特に亜弥さんの方からは「お手伝いしてもらうことは、もしかしたら少ないかもしれない」けれど、「土地としゃべりながら、向かいながら、何を形づくるのかを決めていく」っていう説明を受けました。それを聞いて私は、「こういう制作スタイルってあるんだ」ってものすごくびっくりして。

実際見るまでは何を言っているのか想像がつかなかったんですけど、実際に制作現場を見てみたら、先ほどの壁の写真のひび割れとかそういうものとじっくり向き合って、どういう風にグリューガンを置いて…と考えてる姿を見て、「こういうことなのか」って、土地と向き合うってことは。すみません、「これはこういうことなのか」っていうことでしか表現できないんですけど、作品との向き合い方を勉強させてもらったなって思いました。

あと、万里子さんの作品を主にお手伝いさせてもらったんですけど、シロツメクサの植え替え。やってる時は「農作業」。

会場：（笑）

西岡：めっちゃ一番頑張ってたんじゃないかな。

吉田：黙々とやってましたね。（笑）

西岡：黙々と辛い作業を率先してやってた。

上原：農作業やっているようで、まさかこれがアートになるなんて、やってる間は思わなかったですけれど、写真見せていただいて、私たちのちょっとしたお手伝いが『瀬戸芸』の作品の一部となって、自分にとって嬉しいかなって。

西岡、平良：ありがとうございます。

永津禎三（琉球大学教授／以下、永津）：何日いたの？

上原：３泊。

永津：３泊？

吉田：そうやね、３泊やね。あと、途中他の島にも行ったよね。

永津：植え替え作業は何日で？２～３日くらい？

上原：２日か３日、いや、３日。

吉田：ずーっとやってたもんね（笑）

上原：はい、ずっとやってました。

吉田：まだあの時は全体の形がまだできてなかった…。

西岡：んー、もう…庭がザーンってなってて（笑）

永津：終わってから道ができるわけだから。

平良：そうですね。

西岡：なんか、失敗したんですよ。移植して、それが失敗した状態の時に学生さんたちが来てくれて。その時、カビが生えてたんですよ、土に（笑）

平良：空梅雨で雨が降らなかったけど、学生さんたちが来る前、９月に一気にバァーって、ずっと雨が降り続けて。

西岡：わかめみたいのが湧いてる。

平良：そう（笑）

西岡：どうしよう、これ…もうあと何日かで（会期が）始まるっていう時に、もう途方に暮れてるときに「天使たち」が来てくれて。沖縄から来てくれて。

会場：(笑)

西岡：ほんとにほんとによかった。

平良：しかもよく働く（笑）

西岡：そうそう。雑魚寝でごめん、みたいな…。

平良：(笑)

吉田：菜都美さんの方はどうですか？

比嘉菜都美（琉球大学学生／以下、比嘉）：『瀬戸芸』のお手伝いに行かせてもらった４年次の比嘉と言います。お話があったように、私たちがお手伝いに行った時はまだシロツメクサとかもちゃんと生えてなくて、ちっちゃいシロツメクサのほんとに豆粒みたいな芽がピャピャピャって生えてる状態で（笑)。「これってマジで大丈夫なの？」って思ってたんですけど。

会場：(笑)

比嘉：会期中には顔は出せなくて、初めて完成したのを写真で見たんですけど。すごい風通しのいい清々しい場所で、何かこんな風にシロツメクサが生えたのを今知って、すごい場所の雰囲気がお二人に似たのかなぁって。

会場：(笑)

平良：清々しくないよ。

会場：(笑)

西岡：おどろおどろしい、結構。

会場：(笑)

比嘉：なんだろう、清々しい感じがあって。

西岡・平良：ありがとうね。持ち上げてくれてありがとう。

比嘉：作品の作り方について、あかりも言ってたんですけど、土地にあるものに対してどれだけアンテナを張って、そこに価値を見出していくかっていうのを、すごい丁寧にされてるなっていうのがあって。私はまだそういう作品づくりをやったことがないので、そこがまず新鮮だし、真摯な作品づくりだなと思っています。
たくさん会期中にも人が訪れてくれてて、あぁ、よかったぁって。私もよかったぁって（笑）思っています。

西岡・平良：ありがとうございます。

吉田：ありがとう。えっと、他に何かありますでしょうか。

西岡：お客さんじゃないんですけど、私も亜弥さんの姿勢には学ばされたというか、学ぶところがいっぱいあって。実は私は、歌とか映像をやってたので、インスタレーションというのはこれが初めてだったんですね。初めてでこの舞台っていう状態だったので、結構なプレッシャーで。やっぱり亜弥さんがいることでかなり気持ち的に心強いものがあって。亜弥さんのさっき言ってた土地と向き合う、いろんな意味で土地と向き合う、壁もだし、壁の模様ひとつとってもそうだし、そのバックボーンを調べる、取材をするっていう過程を見てて。「なるほどね、亜弥はこうやって今まで作品を作ってきたんだなぁ」っていうような。
なんて言うのかな、すごい時間かかったんですけど、やっぱり彼女らしいものが最後出来上がってて、それがすごい勉強になったし刺激になったし、やっぱり誘ってよかったぁって。

吉田：うん。

西岡：(平良を見て）よかったぁって、思いましたね。

平良：(笑)

吉田：だそうですよ。

2013 年 9 月、空梅雨の後の集中豪雨でシロツメクサがうまく根付かず、植え替え作業を行った。（上）
西岡の作品の取り付け作業をする裕宝さん・左と上村・右。（左中）壁画制作の様子。グリューガンでひたすら描き込む。（右中）
制作サポートに来た学生たち。（下）

平良：そうですよね、この流れだと何か言わないといけないですよね（笑）

西岡：愛をアピールしてみました。

平良：んーと、私の方は、新婚の夫婦の家にずーっと泊まってるんですよ、滞在中。

西岡：だからよ（笑）そうだよねー。

平良：『瀬戸芸』の事務局の方で用意されている宿舎が、さっきスライドでもちょっと出てたんですけど、自分自身がアトピーなので、畳間でちょっと無理だぁって。汚いわけではないので普通の人は無理じゃないんですけど、私には無理だなっていう場所だったんです。毎回上村さんが手伝いに来てくれたり、学生さんたちが来てくれたりしたとき、その方たちはそこに泊まって。私は万里子さんのところで、綺麗なところで泊まって（笑）

吉田：西岡家でね。

平良：そう。夫婦円満で真ん中に平良がいる、みたいな。自分のもう一個のお家じゃないんですけど、そういう場所が香川にあるっていうのも不思議だなって。そういう風な関わり方ができる相手とこういう風にできたのは貴重でした。

2-7: いろんな種が蒔かれてて

平良：あと、県内では割と自分でやりたいって思うところを探して企画を実施するっていうのは今まで経験しているんですけど、県外で通って作品を発表するっていうのは初めてなので。それがまた同じ学校を出た人と、またその家族と関わりながらやるっていうのは、たぶん、なかなかないので。その機会を私に与えてくれたというのは、ラッキーなことでした。ほんとにありがとうございますっていう気持ちです。

あと、今年は仕事として琉大の方でも関わらせてもらっているという立場だったので、先生たちのいろいろな協力のもと、こういう風にやらせてもらった時に、実は作品を誰かに手伝ってもらうっていうのを今までほとんどしたことがなくて、そういう必要のない大きさのものを作ってきているので、これだけ大きなサポートがあるというのは、逆に私にとってはプレッシャーで。どういう風に手伝ってもらおうかとか。万里子さんスペースの方で大工仕事のような大きな作業があったので、基本は彼女のサポートをしてもらえるような仕組みを作れたらっていうのは自分自身にはあったんですよ。

でも、そうすると、なぜ私がそこにいるのか、その意味を考えた時に、じゃあどういう風に手伝ってもらえたら自分も新しいやり方が導き出されて、関わってくれる人も、一緒に考えられるような関わり方になるのだろう、というところで考えさせられました。まぁ、実際の制作の作業をしてもらったのは一人に絞ってるんですよね。それ以外は「農作業」などをみんなで分担してもらいました。

吉田：亜弥さんの作業の手伝いをしたのは、学生も一人やったね。それ以外は？

平良：他にも手伝いに来てくれた知り合いのアーティストなどもいたんですが、その時も一人ずつに手伝ってもらうっていう形をとりました。なんか、そうでないと、ちょっと難しかったので。手伝ってもらうっていうことが初めての経験とか、沖縄の外でやるっていうことの経験とか、あと、公募型の展覧会で発表するっていうのも自分自身が初めてだったんですよね。大学を卒業した後、年に２～３回は作品を発表をするっていうのを決めてやってきているんですけど、その中に公募型の展覧会に応募して作品を発表するっていうことがないんですよ。だから、この経験は初めて、全部初めてのことばかりでした。

あと、万里子さんからシロツメクサがうまく生えないっていう時に、私と万里子さんと裕宝さんの力ではどうにもできない部分に対して、自分が関わることでできるネットワークというか、繋がり方がなんかあるんじゃないかなと考えて、facebook でグループを作ったんですね。そこに情報共有したりとか、シロツメクサのことについて知恵を貸してくれそうな人をメンバーに入れてグループを作っていて、その中で自分自身も滞在中のレポートを投稿していて、実際に現場に来れない人に少しですけど状況を共有できるようにしていました。グループのメンバーにも実際に作品を観れていない人もいるんですよ。私たちが香川の本島ということころで何か行ったっていうことを共有しておきたい、それが何年先になるか、明日になるか分からないけど、そこから何か繋がるようなことができるんじゃないかなと思って、同時にそういうこともしていて。こういう風にいろんな人が動いたり関わることというのは、たぶん色んな種が蒔かれていて、その種の芽が生えるのがいつになるのかは分からないけど、それにずっとアンテナを張ってるというか。「関わってくれたあの人は、今どこで何やってるのかなぁ」みたいな、ずっと意識しているというか。自分とその人とのタイミングがふと合った時にまた一緒に何かできる、みたいなことをいつも期待しているというか。万里子さんとのタイミングは今年で、それはまたこれからずっと繋がっていくんだろうなというところがあります。そういうことができたというか。またずっとやっていきたいなって思えるような一年間だったかなと。

2-8: その場所で感じた面白さとか“ご馳走”みたいなもの

吉田：さっき学生からの話もちょっとありましたけど、亜弥さんの方からも琉大との関わりでっていう話があったんですけれど、亜弥さんは今年度、上村さんと自分がやってる海をモチーフにした実践研究の一環で日本財団ということろから助成金をもらっているんです。その特命研究員として関わってもらってるんです。

平良：実は立派な名前があるんです（笑）

吉田：亜弥さんの方もいろんな人との関わりがすごい刺激になって、学生との関わりもっていう話がありましたけれど、大学側にとってもほんとに“渡りに船”でありがたかったんですよね。毎年、座間味島で学生たちと一緒にワークショップをやる実践をもう８年近く続けてるんですね。ちょうど「海・島、場所から生まれる表現・アート」っていうことを学生たちとやっていたので、まさに今回『瀬戸芸』で彼女たちがやってることと連携してやれるんじゃないかということで、学生たちも一緒に連れて行ったんですよね。ほんとはもう少したくさんの学生に関わってもらいたかったなぁとは思ってたんですけども、その点で言うと、今４年次の話もありましたけれども、自分も今回、ほんと短かい時間やったけども、二人の作業に関わらせてもらって、改めてすごく感じたことがあったんですよ。

学生たちの様子を見てて、黙々と夢中になって場と戯れる姿とか、ちょっと素敵だなって思いながら見てたのと同時に、これまでの座間味でやってた実践のことを振り返ってみてね、ちょっと反省もしたんですよね。それ、何かって言うと、これまでの学生も場所を活かして、そこから生まれてくる自分なりのアートアクションね、ワークショップっていう形ですごい一生懸命やってくれて、すごい面白いのもたくさんあったんですよ。でもね、毎回学生たちから聞こえてくる声は「あぁ〜、大変だった、難儀やった」っていう。最初の声がそれなんですね。まぁ、やってる最中はいろいろ面白いもんも発見してくれたりしたと思うねんけれども、教育的なものとし

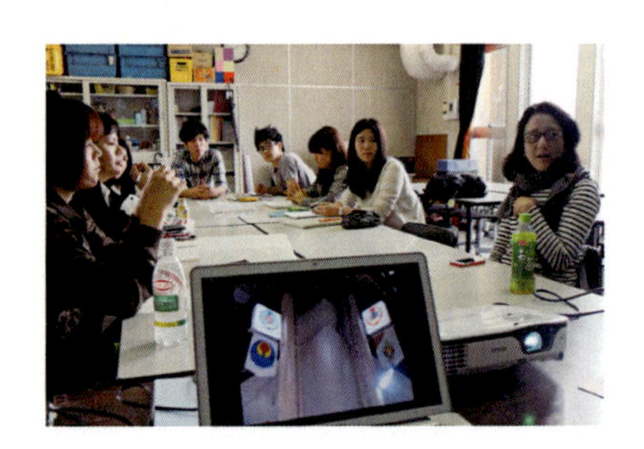

て形にする、それをやり通すことにとらわれて、最初にその場所で感じた面白さとか“ご馳走”みたいなものがどこか飛んじゃって、目の前の実践をやるので精一杯で。自分たちが最初に感じた“ご馳走”を忘れちゃってるような感じのまま終わって「あぁ、大変やった、難儀やった」っていう疲弊感を何とかしたいなと思ってたんですよ。
そしたら、自分自身も二人がやってるあの場所で、まだ形になってなかったけど、あの場所でいろんな“ご馳走”をいただいたなっていう気がしたんですよね。

西岡：例えば？

吉田：何て言うのかな、ひとつひとつ言うと細かいことやねんけども、学生がほんとに黙々と何か夢中になって面白がってるような感じみたいなのを、うちらがやってる授業の中でももっと出せるといいなと。毎回リサーチの時はそれぞれの学生が自分なりの“ご馳走”みたいなものを見つけて面白がってくれてんねんけども、それをグループワークでやる段階でね、それがすごい平均化されてしまって、それぞれのこだわりの視点みたいなのが薄まっているような感じ。でも、今回二人がやってる、まぁ、ごく一部の断片かもしれへんけども、こだわりの部分だったり場所との関係も含めて、自分もそうやし、学生たちも感じてくれたんちゃうかなって思って。
こないだ今年度の座間味の実践終わったばっかりなんですよ。今回のはこれまでと違って教育的なワークショップっていうのではなくて、ほんとにリサーチの時から見つけた自分のこだわりというか島で見つけた自分なりの“ご馳走”みたいなのに徹底的にこだわってもらって、もうそれぞれ一人ずつバラバラでいいから、人も参加者もいようがいまいがどっちでもええから、その場所で何かやってもらうっていう形にしたんですよ。そうすると、これまで以上に学生たちがその場所で、みんなてんでバラバラやねんけども、夢中になって、真っ暗になるまで作業してて。全然人が来えへんような場所でやってる子なんかもいてねんけども。そういうものに繋げてもらえたというか、二人の『瀬戸芸』の関わり、学生も含めて関わらせてもらってね、そういうのがすごいありがたいなって思ってます。
亜弥さんにはね、本島から戻って来てからすぐの時にちょっとそんな話をして、「今年の座間味の実践はちょっと違う形でやるわぁ」って話をしたと思うねんけども。まぁ、そんな風にこれからもうまく繋がりを作っていけたらなぁっていう風に思ってます。

西岡、平良：ありがとうございます。

吉田：じゃあ、みなさん、教室の中寒かったと思うんですけど、長時間どうもありがとうございました。一旦ここで締めせていただきたいと思います。二人に拍手をお願いします。

西岡・平良：ありがとうございます！！

琉球大学教育学部美術教育専修『海・シマ・場に関わるアート』ドキュメント（2013 年度）

『ここにいるために to be here』との連携活動

2012
8 月
西岡万里子氏、香川県より沖縄に帰省の際、平良亜弥に『瀬戸内国際芸術祭 2013』での共同制作を依頼。同展事務局に第 1 次プランを提出。
9/22 〜 24
平良、同展の会場となる丸亀市本島を初めて訪れる。西岡氏や家族と共に屋釜サイトの掃除等行う。
11/1 〜
平良、琉球大学教育学部マルチメディアアート・スタディルーム（以下 MAS）にて、『瀬戸内国際芸術祭 2013』参加作品のプランニング、試作を行う。
11/15 〜 18
平良・西岡連名で、第 2 次作品プラン**『ここにいるために to be here』**を展覧会事務局に提出。西岡氏、現地にてディレクター・北川フラム氏および事務局に対し、同作のプレゼンテーションを行う。プランが正式に採択され、その後、西岡氏は現地香川県で、平良は沖縄にて制作を開始する。

「美術科教育法」授業における実践活動

2013
3/27
沖縄市一番街商店街で 7 月に催される「七夕まつり」に本プロジェクトの一環（授業科目「美術科教育法 A」）として参加するため、吉田・上村が同商店街会議に参加。平良は同地を拠点に地域活性事業を行う「沖縄クリエイターズヴィレッジ」（代表・秋友かんな氏、以下 OCV）スタッフとして同席。
4/1
平良、玉寄真季子、比嘉沙織の 3 名が、共同研究者として本学教育・研究プロジェクトに参画。以降、年度を通して、プロジェクトの母体となる授業「美術科教育法」における学生指導・サポート、授業の一環として行われる沖縄市一番街商店街（前期）や離島（座間味島、後期）におけるイベントやワークショップ企画のコーディネイト、そして平良がアーティストとして参加する『瀬戸内国際芸術祭 2013』（以下『瀬戸芸』）との連携、これら一連の教育研究プロジェクトについてのアーカイブ作成などの業務を、教員と協力して行って行くこととなる。

『ここにいるために to be here』との連携活動

5/19 ～ 22
平良、香川県の現地視察　琉大より上村同行。
本島（丸亀市）および、高松市、犬島（岡山県）など芸術祭の会場を視察。5/20 には本島にて事務局の担当者・前廣容子氏と打合せを行った。その際、上村から琉球大学の教員・学生が参加・連携することを申し出、協力を要請した。

6/12
平良亜弥集中講義『ここにいるために to be here ／瀬戸内国際芸術祭 2013 の現場から』（琉球大学教育学部美術教育専修 MAS にて、「美術科教育法 A」公開授業として実施）平良による琉球大学在学時から卒業後現在に至る作品とその経緯の紹介。『瀬戸芸』について、出品作のプラン解説や 5 月に行った現地視察の報告。また高松や犬島など他の会場や作品の紹介を行う。

7/30
平良による『瀬戸芸』連携プロジェクト説明会。学生達に、芸術祭の現場を紹介し、夏休みを利用しての参加（制作協力、鑑賞ツアー）を呼び掛ける。吉田・上村から日程や旅費の補助についての説明。

「美術科教育法」授業における実践活動

4/16
「美術科教育法 A」授業（前期）始まる。
4 /20
沖縄市一番街商店街フィールドワーク・リサーチ（第 1 回）。参加学生と共に各協力店舗、商店街事務所、OCV の他、商店街内のアートスペース（若手アーティスト達の共同スタジオやギャラリーなど）を訪問。以降授業にてイベントプランを練る。
6/11
一番街商店街事務所にて学生達がイベントプランのプレゼンテーションを行う。

6/28
「七夕まつり」準備の一環として、商店街主催の「竹取」イベント（恩納村）に同行・参加。
7/6
「一番街七夕まつり」において**『愛のカササギ橋プロジェクト』**を実施。学生達の創作による「一番街七夕伝説」を背景にした、「愛のカササギ橋を作ろう！」「タイルペイント～天の川を作ろう！」「巨大流しそうめん」の 3 つのプログラムを行った。
7/16
「美術科教育法 A」授業最終日。プロジェクトのリフレクションを行う。その後、アーカイブ作業の一貫として玉寄・比嘉が同プロジェクトのスライドショーを制作。7/20、琉球大学オープンキャンパスにおいて、学生達が成果発表会を行った。

『ここにいるために to be here』との連携活動

8/12 〜 18
平良、現地滞在制作。上村および学生１名（大学院生）同行。坂出市の西岡家を拠点に西岡氏や家族とともに連日本島に通い制作を行う。現地では別プロジェクトで滞在中の東京の美大生たちとも交流。
8/19 〜
平良、沖縄に戻り制作プランニングを進める。琉大 MAS にて壁面全体写真を大判プリント。刺繍文様のための図案＝ドローイング連作。

9/3 〜 9
平良、現地滞在制作。吉田・上村・玉寄、学生５名（４年生）参加。9/3 ＞平良、上村、玉寄、現地入り。友人のアーティスト中村絵美氏合流。9/4 ＞シロツメクサ苗等資材搬入。午後台風。9/5 ＞友人のアーティスト森本めぐみ氏合流。壁面制作。夜、小豆島視察を終えた学生本島入り。上村と学生は島内の宿泊施設利用。9/6 ＞吉田合流。現地にて植栽、屋根構造材搬入・施工（西岡）、壁面制作（平良）。地元テレビ局の取材・インタビュー撮影。屋根施工では同会場のアーティスト、齊藤正氏や石井章氏らの協力を得る。9/7 ＞雨天のためブルーシートで作業用タープを設営し各作業を行う。9/8 ＞ポリカーボネート製の作品シート取り付け（西岡）。壁面制作ほぼ終了（平良）。
9/10 〜
平良沖縄に戻り、車庫内部の展示作品制作。真鍮製リングの制作にあたっては、宜野湾市在住の鍛金作家・鷺谷トモユキ氏、坂見工芸、琉大技術教育専修・清水洋一教授らの協力を得る。
9/30 〜 10/3
平良、現地滞在制作。上村同行。9.30 ＞香川入り。10.1 ＞リング仮設置。敷地全体について西岡氏と最終調整。地元テレビ局の撮影。10.2 ＞リング、布、チェーン、鏡、取付け。事務局・前廣氏と最終打合せ。10.3 ＞中村絵美氏合流。作品各部最終仕上げ。玉砂利敷設。芸術祭ボランティアスタッフへの説明会。

10/4
作品撮影、地元住民への内覧。
10/5
『瀬戸内国際芸術祭 2013』秋会期始まる。オープニングセレモニー参加。

「美術科教育法 A」公開集中講義ポスター (2013 年６月)

「美術科教育法 C」公開集中講義ポスター (2013 年 12 月)

『ここにいるために to be here』との連携活動

10/15
平良『瀬戸芸』参加学生への報告。
10/17
平良『瀬戸芸』報告。参加学生７名（３年生）
10/27 ～ 11/5
平良香川滞在。OCV 事業としての視察。『瀬戸芸』秋会期クロージング参加。作品撤去作業。

12/21
美術科教育法 C 公開集中講義『はじまりからつづくこれからの話し／ここにいるために to be here ～瀬戸内国際芸術祭 2013 の現場から Vol.2』（平良＋西岡万里子氏※ゲスト講師、聴き手 : 吉田、琉球大学教育学部美術教育専修 MAS にて）
参加者：学生 13 名、教員４名、一般（卒業生、関係者含む）18 名　※計 35 名
『瀬戸芸』の共同出品者・西岡氏を招聘し、出品作『ここにいるために to be here』の背景や制作プロセスについて詳しく紹介した。また「視線の交差×それぞれの道行き」と題した後半では、琉大から連携プロジェクトに参加した学生や、一般参加者とのクロストークを行った。

「美術科教育法」授業における実践活動

10/15
プロジェクトスタッフ打合せ。アーカイブ作業再開。
10/17
「美術科教育法 C」第１回授業。
11/1 ～ 3
座間味島現地フィールドワーク・リサーチ。吉田、上村、玉寄、比嘉、学生７名（３年生）。座間味村職員・宮平賢氏によるガイドツアーの他、各自で島内を探索。
11/7 ～
「美術科教育法 C」授業にて座間味島での実践活動（『座間味アートアクション』）について、学生各自のプランニングを進める。各回に平良が参加し学生のプランニングのサポートを行う。玉寄・比嘉も中間プレゼンテーション等で随時参加。
12/13 ～ 15
座間味島にて美術科教育法 C『**座間味アートアクション**』実施。吉田、上村、平良、玉寄、比嘉、学生７名（３年生）。学生は映像制作、パフォーマンス、立体制作など多様な「アクション」を生み出した。帰還後、12/19 には「美術科教育法 C」授業にて、実践活動のリフレクションを行う。

2014
1/9 ～ 2/4
「美術科教育法 C」授業にて、『座間味アートアクション』のドキュメント制作を行う。参加学生が各自の「アクション」を振り返り検討。平良、玉寄、比嘉は、学生個々の内容に即した多様な形式でのドキュメント制作をサポート。

水路と島の芸術祭

岡田 有美子

瀬戸内海に行くといつもその水の量に圧倒される。沖縄の海よりも濃く、重い海の色をみながらいつも思うのは海というより水路のイメージである。高松港から船に乗りどの島に行くにせよ、波に揺られながら通り過ぎる大小様々な島をみる。その島々にぶつからないように船が行き交い、島と島を行き来する時、海の向こう側の遠くの世界というよりはその先に生活があって浦があり、繋がっていく文化、いくつもの線があるということを考えたりする。

「声にならないシマの芸術祭」

2002年頃初めて訪れた際、直島は静かだった。港に草間弥生による南瓜のオブジェがありベネッセハウスがあって、それは確かに島の風景を異質なものにしていたが、滞在した時間は穏やかだった。2010年に瀬戸内国際芸術祭が始まり会期の最終週に訪れた時、直島行きの船は混雑で乗れず高松の港は人で溢れかえっていたし、各島の古民家で行われていた展示は長蛇の列ができていて集落内が騒然としていた。印象的だったのは豊島の唐櫃地区にある清水神社の青木野枝作「空の粒子」(2010)という作品だった。神社に隣接する貯水タンクを囲むようにさびた彫刻作品があり、神社の湧水の出る水場にも作品ではないというが青木の手による制作物がはめこまれていて、水場は観光客でごった返していた。興味深い作品や活き活きとした島の人々にも出会ったが、来場者が多すぎるために急激に生活環境が変化したことによる影響が気になった。

沖縄に戻り瀬戸内で考えたことを元に琉球大学にて「声にならないシマの芸術祭」と題したレクチャーを行った。その問題意識は予想以上に多くの人が訪れたことによる諸問題（騒音、環境の変化等）や島で受け継がれてきた風景や文化に作家によって手が加えられることについて、芸術祭事務局・作家たちから地域住民への事前説明が不足していたわけでは必ずしもないだろう、というところから出発している。しかし、むしろ対話できる誰かが目の前にいることによって、背後にたくさんの声を発しない他者がいることに目をつぶらなければ、大規模な芸術祭を小さな島の中で行うことは困難なのではないか。青木氏の作品や芸術祭そのものについて、一部の方にしか聞いていないが賛否両論を聞いた。そもそも賛否両論あることは健全だろうし、私が考えているのはその作品の形態、コンセプトの柔らかさとでもいうべきもので、地域住民たちへの説明段階での合意形成や作家と住民との「温かな交流」によって、本質的な議論が抑圧されているのではないか、という疑問である。作家と交流のある住民は好意的に協力をするが、その周りでひそひそと「罰当たりだ」「生活が破壊されている」という声が漏れ伝わってくる。そしてそれは、聖地に作品が設置される際、より顕著に現れる問題だと考えている。

芸術祭や作家という立場をバックに、資本を元手に作品を公共空間に設置するような芸術作品が珍しくなくなる中、聖地に設置された作品に対する反発は各地で起こっており、最近では国東半島芸術祭でのアントニー・ゴームリー作品が論争となっている。しかし、もっと前から例えば沖縄では御嶽を写真や映像で撮ること、聖地をテーマに作品を制作することについては、常に慎重な議論が重ねられてきたし、反発が公的に浮かび上がってくるところはまだいいが、多くは人々の噂話として小声で語られる。また、行政や企業と連携しながら行われる芸術祭では地域住民とコミュニケーションがとれ、物腰柔らかく住民を巻き込める作家像が求められる中、過疎化する集落のシビアな課題について問題提起をするような作品はどうしても敬遠される。エルネスト・ラクラウとシャンタル・ムフによる「敵対」という概念を引用しながら美術批評家のクレア・ビショップはこういった。『民主的な社会とは、対立関係が消去されるのではなく維持されるような社会のことである。敵対が存在しなければ、残るのは権威的秩序によって押し付けられた合意ばかりになってしまう』(中略)『この関係性としての敵対は、社会的調和をその基礎とするのではなく、この調和らしきものを維持するさいに抑圧されたものを露呈させることをその基礎とする。それによってこの敵対は、世界およびお互いに対するわれわれの関係について再考するための、より具体的かつ論争的な土台をもたらしてくれるだろう。』(※1)。論争的な土台を内包する作品でありながら、見かけは柔らかいコンセプトによって、調和らしきものを維持する側にたってしまうようなアート作品が巷にあふれかえっていないだろうか。

「神聖なるもの」のある集落

『「自然は常に社会化されていて」とは、その土地、その地点において、人が居住に成功したということを意味する。そんな集落が、人間世界と自然世界の結節点としての「神聖なるもの」ないしは「聖地」をもっていることは、よくわかる。それはおそらく、その土地への居住がはじまる以前と以後を分つ、歴史の起点に関係し、居住以前、ヒト以前の土地の姿を人々に思い出させる、記念誦としての性格をもつにちがいない。ヒト以前の層が土地のカミの層としてあり、それが噴出するポイントが、たとえば御嶽なのだろう。』（※２）

管啓次郎が竹富島の集落を訪れた際に書き留めた文章にあるように、「神聖なるもの」は各地の集落の中にあり、人間世界と自然世界の結節点となってきた。そこは、遥か昔からその場所で暮らして来た人や動物、自然と交感する場所である。声を発しない他者というのは、現在生きている人のみを指すのではなく、その背後にいるそこで生まれて死んだたくさんの命とこれからそこに生まれるであろう、未来の他者をも含むのではないか。そこは声のうしろにある感覚の支配する、この世とは隔絶した場ともいえる。

急速な近代化の中で地方が過疎化し共同体の存続自体が危うくなりつつなる中、失われつつある「聖なるもの」に目を向けながら、変化を受容していくことは必然でもあるだろう。声を発し難い小さな集落が抱える課題に対し、まれびとである芸術家に求められる役割は、もしかしたらあるのかもしれない。「聖なるもの」の出現する空間は、急速に失われつつあり、また長い間芸術が目指してきたものでもある。その造型はそこで生きて来たものや通り過ぎたものたちが積み重なった、繊細な力関係によって保たれた姿としてあり、その微妙な均衡が崩れてしまえば二度と元には戻らない。殆どの場合旅人に対し住民は親切であり、そう簡単に胸のうちは明かさない。表現によって、自発的に発せられることのない声を新たに生み出すことではなく、声にならない声を聴くことこそまず作家に求められる役割なのではないか。

植島啓司は『聖地はわずか一センチたりとも場所を移動しない』と言った。例えばエルサレムがたくさんの宗教の聖地となっているように、なぜか他の場所に新しく聖地をつくろうとせず、どんどん新たな聖地が集まってくる。『「なぜ聖地は一センチたりとも場所を移動しないのか」というと、「そこに石（石組み）があったからだ」ということになる。』。エルサレムや出雲大社、世界の聖地の具体

的事例をあげながら『大地も水も金属も樹木もすべて重要な聖地のメルクマールではあるが、それらがいかに石に従属するものかを知ればおそらくびっくりすることだろう』と言う（※３）。そうだとすれば作家が石に引き寄せられてオブジェを造り、新たな表現としての「聖地」を作り出し、そのことによってまた人が集まってくるというのは、近年のアートの動向でも何でもなく歴史的にずっと繰り返されてきたことである。ただ現代においてそれが行政や企業主導の芸術祭である以上、個の寄り合いである共同体とは比にならない力が背後にあること、作品の発表によって引き起こされるかもしれないあれこれが、作家という個や民衆ではどうにもならない巨大な力をもつかもしれないことを自覚した上でも尚、よそ者が聖地に不特定多数の人を呼び込むようなイメージは、生まれてくるものなのだろうか。

民衆と企業と水

『民衆社会の特色は、個人がひとりひとり手をつないで、ひとつの思想のもとに行動をおこなうときに大きな力を発揮するものでありまして、そういうようにしてわれわれは水を管理してきたのですが、企業というのは個人ではない。しかし、それが社会に向かって発言するときには個人と同じような資格でもって発言する。しかし、その背後には非常に大きな経営がくっついておる。要するに、この企業というものがほんらいは民衆社会から切り離されて、民衆は民衆として、企業は企業として、水の問題を処理していくことを考えないとほんとうの水の処理の問題は不可能になるのではなかろうか。』（※４）

宮本常一は「水と社会」と題した講演の中で、水への信仰が薄れ、水が汚れたことについてこう述べた。芸術作品によってであれ何であれ、人が多く訪れればそれだけ水が必要となり、水も汚れる。民衆が管理できる範囲を超え、企業が管理しなければならなくなるだろう。しかし、企業は企業の論理により、撤退することもあり得る。その時、島はどうなるのだろうか。水が汚れれば、死を引き寄せる。

第二回の瀬戸内芸術祭も最終週に訪れた。前回人が一気に押し寄せたことによる反省からか春・夏・秋の三期制となったが、船や集落の混雑は相変わらずだっ

た。会場では芸術祭で人が来ることによっておしゃれをし始めたおばあさん、見ず知らずのお客さんをもてなす為に期間中だけ、島の旧家に帰ってお茶を出すおばちゃんに出会うと同時に、人を過剰に拒絶する畑を展示施設に隣接する場所で見かけたりもした。そのどちらもそこにある。離島でのアートプロジェクトは、今後もしばらくは続くだろう。しかし、それが人と人との交流を隠れ蓑に、観光による地域活性化ありきの「大きな経営」の論理で動くものであるのなら、思考と土地を奪う芸術を語った植民地主義と何ら変わりはない。その時作家は個としてそこにいるつもりでも、大きなものの共犯者である。作家は自身の背後にある大きな力を自覚し、暴露し、脈々と流れてきた水を汚すことにならないか、その上でどのような表現が可能であるのか、流れに耳を澄ませているはずだと信じたい。青木の作品「空の粒子」は、その作品を見上げるように、貯水タンクに近づくと、水の音がかすかに聞こえる。全ての水の流れは繋がっている。

（※１）「敵対と関係性の美学」クレア・ビショップ　星野太 訳「表象 05」(2011) 発行／表象文化論学会　に掲載

（※２）「ストレンジオグラフィ」管啓次郎　(2013)　左右社

（※３）「聖地の想像力―なぜ人は聖地をめざすのか」植島啓司 (2000)　集英社新書

（※４）「水と社会」宮本常一 講演レジュメ 「宮本常一講演選集２　日本人の知恵再考」田村善次郎編（2013）に収録

岡田有美子（おかだ　ゆみこ）

1982年愛知県生まれ
武蔵野美術大学造形学部芸術文化学科卒業
2005~2009年、NPO法人前島アートセンター事務局を務める。2009年よりアートプロデュースユニットcimarcusとして沖縄を拠点に活動開始。
2011年、文化庁新進芸術家海外研修生としてキューバに一年滞在、その後グアテマラに3ヶ月滞在。
2014年より明治大学理工学研究科　新領域創造専攻　博士前期課程在学中。

島と庭、彼女たちの物語

宮城 未来

もしこの土地で、そして他の土地ではなしに、オレンジの木が、丈夫な根を張り、多くの実を結ぶとしたら、この土地が、オレンジの本然なのだ。

サン＝デグジュペリ『人間の土地』より

何度か電車を乗り継いだ後、海を渡るために港へ向かった。

「本島」という瀬戸内海の島にはこれが初めての上陸になる。私の故郷の町と同県で、産まれた時からの馴染みのある方言が島の中でも飛び交っていた。平良亜弥と西岡万里子の作品は、主要な港から真反対の島の裏手側にあるようなので、港で借りた自転車で、島の輪郭を確かめながら大きく迂回をして目的地へと急いだ。

辿り着いたそこにあったものは、住宅の基礎部分と単純な構造の壁面がコンクリートで打ち立ててあるだけの、骨組みだけが残された“家”の痕跡だった。住み人が離れたのか、これから主を待ち築かれる場所なのか…。一瞬訪問者を不安にさせる風景だった。作家のひとり、西岡の嫁ぎ先の土地だというこの敷地の中で、彼女たちは作品を展示していた。

港からの距離もあってか、隔絶された集落の中の廃墟のようにも見える反面、俗世にとりこまれることのない聖域のようにも感じる。近世以前のキリスト教の教義の中では、家の内部の住居部分は日々の営みがなされる通俗的な場としてとらえられていて、その対として現世から隔てられた場所が楽園（エデン）＝庭、というように語られていたという。天井や窓のないこの家には、日常と非日常の空間の隔たりがないようにも見える。そのこともあってか、一帯に浮遊感さえ漂っているようだった。

住宅部分へと導くエントランスには彼女たちの手によりシロツメクサが育てられており、毎日大事に手入れされていた。この萌ゆる緑は、道路側から２階、屋上へと緩やかに続く庭のそこら中に敷き詰められていた。エントランス横のコンクリートの壁面には、陽の傾斜具合によって発光する線描が張り巡らされていた。難解な杣道のようでもあり、何処かを示す“地図”のようにも見えた。この壁の線描も含めて、彼女たちの造り出すものはとても繊細で、触れると壊れやすいものばかりだった。光を通す薄い布に渡らせた刺繍の目はそれはもう細やかで、布を支えている鎖も解けてしまいそうだった。鏡の反射光や、シロツメクサの背丈、ねこじゃらしの種子が体現する儚さや危うさ、揺らぎを伴いながらもそれらの示す文様は太古の記憶にまで遡り、彼女たちは今まで関わることのなかった未知の土地や家との“約束”の言葉を重ねて行くようだった。

『車庫、風呂場、脱衣所……』もしかすると、近い将来補完されていくであろう“家”のプロフィールは彼女たちの新しい記憶によって書き換えられた。これまで完成されることのなかったその家は、この土地との関係性の途上にて留められた時を手掛かりにして、いままでの家族、新しい家族との“約束”を交わす為の依り代となって彼女たちを招き入れていた。「ここにいるために」彼女たちが選んだことは、儚く心許ない揺らぎの中ででも種を撒いていくということだった。土地との縁を作るということは、そういうことなのかもしれない。

宮城未来（みやぎ　みき）

1976年香川県高松市生まれ
2001年から那覇・前島アートセンター事務局を務める。美術館学芸員補助やマングローブ植林NGO事務局勤務の後、2007年に美術書専門の古書店を那覇市若狭に開店。

あとがき　平良 亜弥

2014年6月ー
『瀬戸内国際芸術祭 2013』が終わり、約半年後に訪れた屋釜。
普段の時間を取り戻し、島は静かだった。
芸術祭が行われているまっただ中の浮き足立った、何だか嬉しいようで、せっかちなあの雰囲気と、大きな催しが通り過ぎた後の静かだけれど何かが変わり、何かは残ったような空気感は、それは実際に足を運ばないとわからない。
その場に足をつけて、空気を吸って、歩いて、聞いて、出会い、感じることでしか知ることはできない。
島はいつもの島であり、そしてこれからも変化していく。時間は刻々と過ぎていく。

制作のために何度も沖縄と香川を行き来した時間。
初めて訪れた感覚はどんどんと薄れていくけれども、通う時間が重なる度に、土地や人への愛着が募っていく。

西岡との約1年を通しての制作のあれこれについて語られた対談では、場や人への思いも多々あり、超個人的な内容盛りだくさんで、少々読みづらい部分もあったとは思いますが、最後まで読んでいただいたことに感謝申し上げます。
「はじまりの話、これからの話」では、プライベートな時間と関係性の中で生まれた出来事に居合わせたことの重要性、表現・制作を通して超個人的な場に関わることの面白みについて、フリートークで参加者と語り合う予定でした。爆走長時間なトークで時間切れになってしまい、肝心な部分を深められなかったことは少し悔いが残ります。

「家族」という、規模は小さいけれどとても重要でものすごく近しい環境について、思いをめぐらせ時間をかけて居心地のよい状態に整えていくこと。それは一人よがりで成立させることができない、だからこそ愛おしいと感じられるシンプルでありながらも非常に重要な行為だと思います。
プライベートなことに首を突っ込むということは、覚悟をもってそれに向き合うことであり、向き合う対象に愛情を感じていて、その愛情を示すひとつの態度なのかもしれません。
向き合うべきものに向き合うのはエネルギーが必要で、それに挑むタイミングと環境を整える時間というのも必要だと思います。「西岡家芸術祭」から頂いたご馳走を、今度は自分自身に返していく。自分自身を整えながら、また、次に進む。

　ここの今は、どこかのいつか

本書を通して、それぞれの足元にある小さいけれども愛おしい存在や出来事について、じっくりと時間をかけて関係を深めていくことの意味を考えるきっかけになれば幸いです。

制作から始まり、出版に関わったすべてのみなさまに多大なる感謝を込めて。

「海を活かした教育に関する実践研究シリーズ」刊行の趣旨

日本は1996年（平成8年）に海洋法に関する国際連合条約（国際海洋法条約）を批准し，2007年（平成19年）には海洋基本法が施行されました。その第28条には，国民が海洋についての理解や関心を深めることができるように，学校教育や社会教育で海洋に関する教育の推進等に必要な措置を国が講ずることを定めています。では，「海洋に関する教育」とは具体的にどのようなものを指すのでしょうか？ 四方を海に囲まれた日本ですが，現実には「埼玉県・栃木県・群馬県・山梨県・長野県・岐阜県・滋賀県・奈良県」のような「内陸県（海無し県）」や，「内陸部に位置する市町村」があるのも事実です。一方で沖縄県のように海に囲まれている環境であっても，学校教育や社会教育はすでに様々な役割を担っているため，その身近な海を活かした教育活動を新たに実施することが簡単であるとは言えない状況もあります。

海洋に関する教育の推進には，地理的に海に近いことを利用して直接的に海で行う教育活動と，教室の中で（海に行かないで），海に関する（海を教材とした）様々な教育を行うことの両方が必要不可欠です。琉球大学は，日本財団からの助成を受け平成26年度から「海を活かした教育に関する実践研究シリーズ」と題して，8冊に分けて初等中等教育に関係する「海」に関する教育実践資料を提供しています。この8冊は，教材の素として，教材そのものとして，実践事例として，即実践できる授業手引書として，学校での学びを実社会とつなげる視点の提供としてなどバラエティーに富んだアプローチで「海を活かした教育」を提案しています。

海を活かした教育を取り組むには，様々な制約があります。この「海を活かした教育に関する実践研究シリーズ」では，読まれた方に「いいとこ取り」していただくことで，その制約を乗り越えた形で海を活かした教育が普及することを目指しました。直接的に海で行う教育活動や，海に行かないで教室の中で様々な教育を行う際の一助となれば幸いです。

代表　吉田 安規良

海を活かした教育に関する実践研究シリーズ
全8巻

第１巻　『海・シマ・場に関わるアート　ここにいるために　to be here』

吉田 悦治、平良 亜弥 等（著）　A5判変　定価：本体価格 1,100円＋税

第２巻　『海洋県沖縄における学校給食からの食育　海からの贈り物』

森山 克子（著）　A5判　定価：本体価格 1,700円＋税

第３巻　『子どもと楽しむ海浜活動 ―安全管理ガイドブック＆プログラム事例集―』

真栄城 勉（監修）　A4判　定価：本体価格 1,700円＋税

第４巻　『うみしま NOTES（うまれる　みつける　しゃべる　まきこまれる）
―「美術」と「教育」のフィールド―』

吉田 悦治、上村 豊、平良 亜弥（著）　A5判　定価：本体価格 2,100円＋税

第５巻　『海洋県沖縄における学校給食からの食育 目からウロコの学校給食術』

森山 克子（著）　A4判　定価：本体価格 1,800円＋税

第６巻　『教師のための海を活かした教育アイディア集―教育の意義から各種海洋教育実践事例まで―』

清水 洋一、遠藤 洋志、江藤 真生子（編著）　B5判　定価：本体価格 2,500円＋税

第７巻　『発達障害のある子どもとともに楽しむ＜トータル支援＞と海を活かした教育実践
―自立活動の授業実践と集団支援を通して＜向かう力＞を育む―』

浦崎 武、武田喜乃恵（編著）　B5判　定価：本体価格 1,600円＋税

第８巻　『裸足で学ぶビーチサッカーの教育力―ビーチサッカーの魅力とその学校教育の可能性―』

笹澤 吉明（編著）　A5判　定価：本体価格 2,000円＋税